[illegible]守る戦い

日本よ、ウクライナの轍《てつ》を踏むな！

ナザレンコ・アンドリー

2014年2月、ウクライナはロシアによって突如クリミア半島を侵略された。ウクライナ東部地域を侵攻するロシアとの間では、激しい攻防戦が今なお続いている。著者の故郷は戦場から250㎞のハリコフ市。祖国の家族との連絡もなかなかとれず、一時は帰国もままならなかった。
来日後、「日本は悲劇のウクライナと同じ道を辿っている」と感じた著者は、ウクライナ紛争の真実を語り、愛する日本へ訴える。「日本よ、ウクライナの轍を踏むな！」

contents

◆推薦の辞

他国に防衛の大元を委ねる日本への警鐘

日本会議会長　田久保忠衛

本年（令和元年）五月三日に民間憲法臨調主催の公開憲法フォーラムが開かれた。その際にウクライナからの留学生ナザレンコ・アンドリー氏が登壇し、見事な日本語で、日本人の安全保障問題に関する関心の低さを批判し、自分の国であるウクライナの悲劇を切々と訴えているのを聞いて、私は感動した。ウクライナと日本は国柄、たどった歴史、国民性などでむしろ対照的に異なる国ではないか。だからこそ、アンドリー氏は短期間のうちに日本を正確に観察して、自分の祖国との比較ができたのだろう。憲法フォーラムで最後に登壇の機会を得た私は、「いまだに護憲などと騒いでいる日本人をウクライナに連れて行って何が平和にとって必要かを勉強させる必要がある」と述べた。

われわれがウクライナを知るには、そのすさまじいまでの侵略された歴史を学ばなければならない。幸いなことにアンドリー氏は著作の冒頭にまことに面白い表現を使ってウクライナ史を説明している。

ウクライナは、十三世紀にモンゴル帝国に征服されて以来、八〇〇年もの間、他国の植民地支配を受け続けた。略史の表に挙げただけでも「独立戦争」「侵略」「占領」という言葉が何度も出てくる。

侵略の回数があまりにも多いため、こういうブラックジョークが流行っていた。

「私はオーストリアで生まれ、ポーランドで育ち、ハンガリーの学校に行き、ソ連で就職し、今ウクライナに住んでいる」

「大変な人生でしたね」

「いや、私は生まれてから今まで一度もこの街を出たことがない」

日本人の誰もが認めるのは日本人がたどってきた歴史とウクライナ史のあまりにも違うことだ。われわれは二千年の間、万世一系の天皇を戴き、国民統合と永続性の象徴としてまとまって生きてきた。海をへだてて大陸に接する地政学的位置も無視できないが、アンドリー氏も指摘しているように、「単に運が良かったからではなく、何世代もの間、日本人の祖先たちが苦労してこの国を護持して下さったからだ」につきると思う。

しかし、日本の現状は彼の目にどう映っているか。「残念ながら今日の日本人の多くは、『自由で安全に生活できるのは、独立国家を持っているおかげである』という当たり前の認識すら持っていない。それればかりか、『敵が攻めてきても戦わないで白旗を揚げたら、物理的な損害を受けないで済む』と考えている人までいる。その常識のなさには驚くばかりだ」と彼はズバリ指摘する。日本人にとっては耳の痛い忠告だが、事実はそのとおりだろう。

日本の安全保障に影響を及ぼしてきた国はロシア、中国、北朝鮮、韓国といったアジア大陸に属する国々だが、国体を揺がすような衝撃を与えた国は米国である。一八五三年のペリー来航が日本にどのようなショックを与えたか。一九四五年の敗戦は第二の黒船となった。明治維新を生み、近代国家の仲間入りをする大変革をもたらしたのではないか。ブレジンスキー元米大統領補佐官は、二十二年前に『巨大な将棋盤』と題する著書の中で、日本は事実上の米国の「保護国」になったと表現した。さらに、同氏はユーラシア大陸で将来中国が覇を唱え、米国が太平洋地域から軍隊を引き揚げる事態になった場合に、日本は最大のジレンマに立たされるだろうと警告した。第三の黒船だ。

現実に国際情勢はそれに近い動きをたどっているのではないか。ソ連の崩壊のあと、中国の台頭は著しく、米ブッシュ政権がアフガニスタン、イラクの戦争に介入している間に軍事力、経済力ともに米国に次ぐ世界第二の国にのし上がってしまった。発展途上国の社会資本投資を中心に世界中に対象を拡大している一帯一路政策は、経済的影響力から政治的影響力の増大へと変化しつつある。

そこに登場したのがトランプ発言である。トランプ大統領は六月二十六日にFOXテレビとのインタビューで、「日本が攻撃されれば、われわれは第三次世界大戦を戦うことになり、あらゆる犠牲を払っても日本を守る。しかし、米国が攻撃されても日本はわれわれを助ける必要が全くない。彼らはソニーのテレビでその攻撃を見ていられる」と述べた。

敗戦という特殊な事態でやむなく招いた事態だと言ってしまえばそれまでだが、日本は自分で自国を守る基本の精神をどこかに忘れてきたのではないか。他国に防衛の大元を事実上委ねた国家の欠陥がトランプ発言で赤裸々になったのではないか。憲法は自前でつくらなければならなくなるし、アンドリー氏が顔をしかめるパシフィズム（反戦主義）の妄想は木っ端微塵に吹き飛ぶのではないか。沖縄では冷戦下で盛んだった反基地闘争の「ヤンキー・ゴー・ホーム」の声が依然としてやかましいが、むしろ「ヤンキー・ステイ・ヒア」の声が起こりかねない局面がやってくるのではないか。

日米安全保障条約第五条で米国が日本を守り、第六条は日本が基地を提供する互恵の関係になっていると主張する向きがいるが、米国が「血」と「土地」を等価に扱うかどうか。日本の母親は息子が戦いで血を流すことは好まないが、米国の母親は息子が日本の防衛に身を捧げて当然と思うかどうか。日本は「第三の開港」を迎えていると私は考える。アンドリー氏の指摘は新しい日本の方向を示唆する結果になっているように思われる。

キリスト教と神道を比較したアンドリー氏の文章も面白い。「権威」を大事にする西洋的な考え方と、「調和」を大事にする日本的考え方の違いは、教会と神社の外形を比較することによってわかるという。空にそびえ立つ大聖堂、金と銀で飾られた大きくて丈夫な石壁、高い屋根などは主の偉大さと自分の小ささや無力を痛感させる。これに対して神社は対称的で、「木造の建築がほとんどだから、周りの自然とのバランス感が良い。そして、伊勢神宮のように定期的な遷宮（改修）が行われていることから、神はすべての物の上にある不変かつ絶対的な存在ではなく、自然の一部である印象を与えられるのだ」と述べている。正直で新鮮な観察だと思う。

驚くべきことに、アンドリー氏が神道に特別の関心を抱いて、歴史上初めとなるウクライナ語版『古事記』の出版を決めたという。その理由をいくつも挙げているが、私が興味を持ったのは現代のウクライナには、一部のお祭りに多神教が残っているとの指摘だ。マスレニッツァ祭は町の広場にかかしを置いて歌を歌うなどの遊びごとをする。死神のマレナは何ごとか、と飾られたかかしの中に入って祭りを見ているうちに火でお祓いをされ、人々は春を祝うそうだ。ウクライナだけではなく、すべてのスラヴ国家にはこのようなお祭りが残っているという。ラフカディオ・ハーンは外国人の中でもとりわけ神道の理解が深かったが、ハーン自身が幼年時代を過ごしたアイルランドの霊を祭る風習と関係があるのではないか、というのがハーン研究者の平川祐弘東京大学名誉教授の指摘だ。アンドリー氏の神道へのアプローチは、日本を海外に少しでも知ってもらう必要性が増えている現在、とりわけ意義が大きい。

国際化の大きな流れの中で自国のアイデンティティが失なわれ、その反省として欧州のポピュリズム、米国第一主義、インド、ブラジルなどの自己主張を打ち出す国々が生まれているいま、アンドリー氏の著作は、国のあり方に示唆を与えてくれる。

第1章

国を守るということ
——ウクライナの教訓

第21回公開憲法フォーラムにて提言（令和元年5月3日）

ウクライナの国旗ともう一つの旗
――八〇〇年にわたる植民地化との戦い

ウクライナは東ヨーロッパに位置し、面積ではヨーロッパの中で最も大きな国家である。人口は四三〇〇万人で、日本と比較すると約三分の一。「青と黄」の国旗は、青空と小麦畑を意味し、一般的なウクライナの田園風景を象徴している。自然災害に襲われることが一切ない広い平地にあり、「ヨーロッパの食糧庫」と呼ばれたほど自然豊かで農業に適した肥沃な黒土に恵まれたウクライナは、平和でさえあれば地上の楽園にでもなり得ただろうに、実際そう簡単にはいかなかった……。

軍事パレードなどでは、国旗と共に「黒と赤」の旗もよく使われる。黒はウクライナの大地、赤は独立を得るために流された血を象徴している。

なぜ、このシンボルが使われるようになったのか、その答えはウクライナの歴史の中にある。ウクライナは、十三世紀にモンゴル帝国に征服されて以来、八〇〇年もの間、他国の植民地支配を受け続けた。略史の表に挙げただけでも「独立戦争」「侵略」「占領」という言葉が何度も出てくる。

侵略の回数があまりにも多いため、こういうブラックジョークが流行っていた。

「私はオーストリアで生まれ、ポーランドで育ち、ハンガリーの学校に行き、ソ連で就職し、今ウクライナに住んでいる」
「大変な人生でしたね」
「いや、私は生まれてから今まで一度もこの街を出たことがない」

ウクライナの国歌を見ても、外国からの支配に関する箇所が目立つ。

「ウクライナの栄光も自由もいまだ滅びず、若き兄弟たちよ、我らに運命はいまだ微笑むだろう。我らが敵は日の前の露のごとく亡びるだろう。

ウクライナ概略史

年	出来事
8 世紀	ルーシ（キエフ公国）建国
1240	モンゴル軍、キエフを攻略
1340	ポーランドによる東ガリツィア地方占領
1362	リトアニアによるキエフ占領
1648	フメリニツキーの蜂起（ポーランドからの独立戦争）
1654	ペレヤスラフ協定（ロシア支配の始まり）
1709	ポルタヴァの戦い（ロシアからの独立戦争）
1772	オーストリアによる西南ウクライナの支配
1779	オスマン帝国による南ウクライナの支配
1853	クリミア戦争
1917	ウクライナ人民共和国（中央ラーダ政権）成立
1917 ～ 1921	ウクライナ・ソビエト独立戦争
1922	ソビエト社会主義共和国連邦成立
1932 ～ 1933	人工的な大飢饉（ホロドモール）
1941	独ソ戦開始、ドイツによるウクライナ占領
1954	ウクライナにクリミアを編入
1986	チェルノブイリ原発事故
1991	ソ連崩壊、ウクライナ独立
1996	ウクライナ憲法制定、通貨フリヴニャ導入
2004	オレンジ革命
2013 ～ 2014	マイダン革命（尊厳の革命）
2014	２月、ロシアによるクリミア半島侵攻
	３月、ロシアによるウクライナ東部侵攻

兄弟たちよ、我らは我らの地を治めよう。我らは自由のために魂と身体を捧げ、兄弟たちよ、我らがコサックの氏族であることを示そう。シャン川からドン川までの血の戦いに立とう、我らの故郷で他者の支配を許さない」

これには、主に二つ理由があった。

(1) 地政学的理由

ウクライナは、東ヨーロッパのちょうど真ん中に位置するため、ロシアと欧州の国々が争うたびに、必ずウクライナを通らなければならなかった。戦略的、軍事的な面から見て、非常に大切な地域だったのだ。

(2) 農業大国

国旗にも表されているように、ウクライナはヨーロッパ最大の農業国家であった。現在も、ヨーロッパのみならず、日本にも小麦などを輸出している。ロシアのように気候が寒冷な地の国家は、ウクライナを支配しない限り、食糧自給ができなかった。

だからこそ、諸外国は一度ウクライナの領土を手に入れたら、二度と立ち上がれないように非常に激しい同化政策を行ったのだ。

特に激しい同化政策が行われたのは、ウクライナがロシアの一部だった時代である。

次のような法律が制定されていた。

「公共の場でウクライナ語を話すことは禁止」

これにより、ウクライナ語で教育を行っている学校は全て閉校させられた。さらに、ウクライナ語の本の出版や新聞の発行は禁じられ、ウクライナ語で書かれた既刊書物は燃やすように命じられた。

自分をウクライナ人と呼ぶことすら禁止になり、占領者が勝手にウクライナに「小ロシア」という名称を付けたのだ。これに抵抗した者は、もちろん殺された。

ここでは、「ヴァルーエフ指令」という史料を紹介したい。一八六三年に、ロシア皇帝・アレクサンドルの承認で採択されたもので、次のように記されている。

「ウクライナ語は存在しなかったし、存在していないし、これからも存在しえない」

つまり、ウクライナ語はロシア語の方言に過ぎず、独自のウクライナ語の存在を主張する者は分離主義者とみなされる。また、ウクライナ語の印刷物刊行は「ロシアの国益」に反するとされた。

しかし、考えてみてほしい。もし、ウクライナ民族およびウクライナ語が本当に存在しないのであれば、禁止する必要があったのだろうか？

もし、安倍総理が「関西弁を話している者は、日本から大阪を分離させたいだけだから関西弁使用禁止」と言ったら、頭がおかしいのではないかと思われるだろう。そもそも、存在しないものを禁じるのは非論理的である。

ウクライナは人口が多く、国土が広かったため、特に大都市から離れた地域の「ロシア化」のスピードは結構遅いものだった。ロシア革命が起こり、ロシア軍の力が弱まると、ウクライナ人はすぐさま独立宣言し、「ウクライナ人民共和国」をつくった。

ところが、ロシア国内の紛争が終わり、ソ連が誕生すると、再びウクライナは征服されることになる。

そして、ソ連は、かつてのロシア帝国によるウクライナ政策の失敗は、ウクライナ人が多すぎたためだと考え、人口減少政策を始めた。一九三二年、スターリンの計画で「ホロドモール」という大虐殺が起こった。

辞典を引くと、「ホロドモールは、一九三二年から一九三三年にかけてウクライナ人が住んでいた各地域でおきた人工的な大飢饉である。ウクライナ人たちは強制移住により、家畜や農地を奪われたために四〇〇万人から一四五〇万人が死亡した。また、六〇〇万人以上の出生が抑制された」

とある。

こうして、虐殺、あるいは強制移住させられたウクライナ人の代わりに、占領者が次々にウクライナの土地に入り込むようになっていった。

中国がチベットやウイグルに対して行ってきたことも、これと類似するものである。

文化を守ることの大切さ

さらには、ウクライナ人を物理的に抹殺するだけでなく、ウクライナ文化を破壊させることによって民族的アイデンティティを抹殺する政策も実施された。

一九三七年十一月三日、ソロヴェツキー強制収容所で、ソ連内務人民委員部によって一一一六人の囚人が殺された。その大半は、作家、詩人、作曲家、脚本家、歴史学者、研究者など、ウクライナ・インテリゲンチャ（有識者）のエリートたちだった。彼らが問われた唯一の罪はウクライナ人であるということ、ウクライナ語で作品を作っていたということだけであった。

統計を見ると、一九三〇年、ウクライナ語の小説を出版していた作家は二五九人いたが、一九三八年になると、その人数は三十六人にまで減っている。その大半は、銃殺刑か無期懲役に処せられ、十六人は行方不明、八人は自殺したとされている。現代ウクライナの教科書では、これらの人々は「銃殺されたルネサンス」と呼ばれている。

以上の例からもおわかり頂けるように、民族を征服するための手段として、帝国主義者はまず「言語」と「文化」を攻撃する。アイデンティティを失った民族は、支配されやすい集団に変質してしまう。帝国主義国家が自国民に対して使っている言葉、例えば「中国人」という呼称などを見てもよくわかる。本来「中国人」という民族は存在しない。実際は、漢民族が満州族やイ族、プイ族などの様々な少数民族を支配し、強制的に「同じ中国人である」という認識を植え付けただけである。

ロシア語でも、ほとんどの民族の名前は主格の名詞で表すが、「ロシア人」だけは形容詞（あるいは名詞の所有格）となっている。ロシア語の「ルスキー」を直訳したら「ロシア人」ではなく「ロシアのもの」となる。

「ロシア人」という民族は存在せず、モスクワがモクシャ族やエルジャ族、スラヴ系少数民族などを征服し、自分の支配下に置いたバラバラの民族を総称するために「ルスキー」という言葉を使っていたのだ。

しかし、時が経つにつれて、少数民族は独自の言語と文化を完全に失い、混血によって遺伝的な特徴も薄まり、長年にわたる同化プロセスの結果として、今の「ロシア人」という民族が存在するようになったのである。

逆に言えば、言語と文化さえ保つことができれば、たとえ一時的に独立を失ったとしても、国家を復興する機会は必ず巡ってくるとも言えるのかもしれない。

ところで、独立の期間よりも、植民地支配の期間が長かったウクライナの歴史を踏まえれば、日本人は本当に恵まれていると思う。

二六〇〇年以上もの間、日本はずっと日本のままであり、迫害されずに一貫して日本語を話し、伝統文化を守り継ぐことができたことは、非常に素晴らしいことだと思う。それが可能になったのは、単に運が良かったからではなく、何世代もの間、日本人の祖先たちが苦労してこの国を護持して下さったからだ。

しかし、残念ながら今日の日本人の多くは、「自由で安全に生活できるのは、独立国家を持っているおかげである」という当たり前の認識すら持っていない。そればかりか、「敵が攻めてきても戦わないで白旗を揚げたら、物理的な損害を受けないで済む」と考えている人までいる。その常識の無さには驚くばかりだ。

そもそも、帝国主義国家は何のために領土拡大を図っているのか、正しく理解する必要がある。単なる「自己満足」のためではない。新しく手に入れた領土の資源を奪い、そこに住んでいる先住民を搾取し、いずれは併合するのが常だ。税金の負担、差別、言語の制限、民族浄化は、植民地支配には付き物である。ウクライナのみならず、今まで外国に支配されたあらゆる国の歴史を見れば、「物理的な害」を受けなかった国は存在しない。独立を譲り渡すことは、自らの命を敵に委ねることにほかならない。決して運試しして良いようなことではないのだ。

ウクライナが長年、独立国家を持てなかったことは多くの歴史的な論争の原因にもなっている。ここでは、フランス、ロシア、ウクライナの三カ国間で起きた出来事を紹介したい。二〇一七年、来仏したプーチン大統領は、フランス王妃アンナ・ヤロスラヴナ（一〇三二年―一〇七五年）を「ロシア人」と呼び、露仏間には古代から交流があったのだと強調した。

しかし、どんな事典を開いてみても、「アンナは、キエフ大公ヤロスラフ一世の娘である。フランスで Anne de Kiev（キエフのアンナ）という名称で知られていた」と説明されているはずである。数日後、プーチンよりはるかに歴史に詳しかったマクロン大統領は、ウクライナのポロシェンコ大統領に対してこんな発言をした。

「ウクライナとフランスの間には、古代にまで遡る両国関係の歴史がある。あなたはキエフのアンナに敬意を払ったことで、その十一世紀から続いている我が国々の関係の重要性と古代性を改めて示した」

つまり、マクロン氏は、キエフのアンナはウクライナ人であったのだと強調し、プーチンが示した歴史観を真っ向から否定したのである。

実は、世界史において「歴史泥棒」は珍しいことではない。すぐに思い浮かぶのは神聖ローマ帝国の例だ。ローマとは無関係なドイツ系民族国家だったが、自らの正当性と古来性を主張するため、勝手にローマ帝国の名称を「盗んだ」国だった。周りの国々からは「非神聖・非ローマ・非帝国」と皮肉られていた。

中国も歴史資料を改竄《かいざん》し、「中国固有の領土」を声高に主張することが得意な国である。近年、朝鮮半島の北にあった高句麗まで「古代中国の王国の一つだった」と歴史教科書で書くようになった。「古代日本は中国の属国だった」と主張する中国人歴史学者がいるくらいなので、「古代日本は中国の一部だった」と主張するのもそう遠い話ではないかもしれない。

しかし、日本には万世一系の天皇が存在している。初代神武天皇から、今上天皇まで王朝交代が一度も起きていないことは、日本歴史の連続性、一貫して独自で独立した国であったことの証である。皇室こそが、日本を日本たらしめている存在であると言っても過言ではないだろう。

もし、ウクライナにも君主一家が存続していたならば、キエフ公国と現ウクライナの関係性を疑う余地もなかっただろう。

ウクライナの過ち

近年、東ウクライナの紛争が話題になっている。私自身、ウクライナ東部で生まれ育ち、実家から戦線まで二五〇㎞しか離れていないため、非常に身近な出来事である。この紛争の原因と流れについてお話ししたい。

一九九一年にソ連が崩壊し、ウクライナを含む十五カ国が再び誕生した。この時、新しくできたウクライナ政府は、当時国内に在留していた人々に例外なく国籍を与えることにした。

ウクライナの北にあるバルト三国の場合、国籍を得るための試験があった。国語を話せるかどうか、法律を知っているかどうか、共通の歴史認識を持っているかどうか、などによってそのまま国籍を与えて住まわせ続けていいかどうか、参政権を与えていいかを判断したのである。

ところがウクライナでは、そうしたハードルを一切課さなかった。そのため、ソ連時代から入植していた帝国主義の思想を持っているロシア人も皆、参政権を有することになってしまった。ロシア人の帝国主義者からすれば、ウクライナ民族、ウクライナ語は存在しない。元々、ウクライナはロシアの一部という認識が非常に強い。このような人たちに政治的な権利を与えたことは大きな過ちだった。

同様のことは、日本の移民政策についても言える。現在、日本に入国するための条件の一つは、「お金を持っていること」である。お金さえあれば、誰でも簡単に入国することができる。工作員も入り放題である。

私が日本語学校の学生だった時、当然ながら、周りは皆外国人だった。クラスメイトに「なぜ日本に来たの?」と聞くと、欧米の学生たちは「日本の文化が好きだから」「日本のアニメが好きだから」と述べていた。

しかし、同様に中国人や韓国人に聞くと、「母国で大学に入れなくて、日本のほうが入学しやすいから」「日本の方が給料が高いから」など、経済的理由が一番多かった。

そして、喫煙所で話した時に、尖閣問題について聞いてみると、「尖閣は中国のものに決まってるだろ」と、一分も迷わずに答えが返ってきた。大学の同級生の中国人の中にも、共産主義がいかに素晴らしいかということを語っている人もいた。このような人たちを簡単に日本に受け入れることは、明らかに日本の国益に反すると思う。

例えば、二〇一七年に経営者の歴史観を記した書籍が置いてあるからという理由で、アパホテルに反対する外国人のデモが東京であった。今はまだ日本は安定して国力もあるので、単なるデモで済んだ。しかし、もし日本がもう少し弱って国力が低下した時、その人たちが自国の政府に武器をもらって、日本の役所や国会を攻撃しようとするかもしれない。つまり、「ウクライナ危機」にそっくりな状態となる危険を孕《はら》んでいるのだ。

もちろん、私は移民そのものが悪いとは思っていない。ただし、移民者に対しては、お金を持っているかどうかよりも、日本という国に対する愛情を求めるべきだと思う。

そこまでいかなくても、この国の伝統文化や歴史認識への賛意、もしくは最低でもそれらを容認する人しか入れてはいけないのではないだろうか。尖閣は中国、竹島は韓国、北方領土はロシアの領土と、それぞれ信じているような人たちを入れても、工作員の予備軍にしかならないだろう。

そして移民政策をとるのであれば、もう一つ大事なことがある。国別制限を課すことだ。これによって、新移民者の多様性を守り、「社会の中の移民社会」を作らせないことに繋がるはずである。

以前、ある外国人と英語で議論していて気付いたことがある。その人は、「日本は住みづらい」「日本人は差別的」云々と言っていたが、話の中で外国人を「we」（私たち）、日本人を「they」（彼ら）で表現していた。これは、私と彼の考え方の根本的な違いであるように思えた。「内」と「外」の感覚が真逆だったのだ。常に周りの社会と対立している意識を持ちながら生活することは確かに大変だろう。

私は初めて日本に来て、東京にいた頃は一度もウクライナ人に会ったことがなかったし、ネット以外で母国語を喋る機会さえなかった。その後は日本の大学に入り、外国人が一人もいない会社で日本人の子供を相手に英語を教えて、今では九割の友達が日本人である。外国人コミュニティと関わったことがなく、どう考えても外国人全体を「we」とは思えない。日本の歴史や文化を勉強し、他の外国に対する知識は浅いため、どちらかと言えば日本人の方に親しみを感じているくらいだ。

永住権さえない自分がこう考えているのはおかしいかもしれないが、私は日本に居場所を見つけたので、日常的には自分が外国人であることを忘れて生活している。勝手ながらも、この社会の一員であるという認識があり、「外国人」の立場からではなく、今住んでいる「日本社会」の一員としての立場から、政治などを考えている。逆に、私は住み慣れている社会を壊そうとしている外国人集団に対して敵意しか感じていない。

しかし、例えば、新大久保周辺や中華街の中に住んでいる外国人は日本語を話す必要性さえなく、同国人に囲まれた環境で育ってしまうせいで、日本にいながらも「社会化」できず、日本人を「外」に感じても不思議ではない。しかも、わざと普通の学校ではなく、朝鮮学校等に通うことによって壁を作っているから隔離されてしまい、差別を感じるのだろう。自分が属しているのは何かの小さなグループではなく、社会全体だと思えば対立意識がなくなり、かなり住みやすくなるはずなのだが。

日本政府もウクライナ政府も、移民政策が甘いため、その国の中で生まれ育っても、その国と国民が大嫌いな移民層が現れてしまったのではないだろうか。

自国の防衛を他国に委ねてしまうとどうなるか

話を戻し、ウクライナの二つ目の大きな過ちについて述べたい。

一九九一年当時、ウクライナは核兵器保有国だった。しかも、核兵器の数では世界で三番目の国だった。しかし、一九九三年にウクライナは持っていた核兵器をすべてロシアに渡した。

その代わりに、ロシア、イギリス、アメリカは、「ブダペスト協定書」を締結し、ウクライナの不可分の保障国になった。つまり、ウクライナがどこかの国に侵略されたら、その三国にはウクライナを守る義務が生じたのだ。

にもかかわらず、保障国の一つであったはずのロシアはウクライナを侵略し、クリミア半島を強奪した。ウクライナが自国の防衛を他人任せにせずにしっかりとしていたならば、こんなことにはならなかったと悔やまれる。

日本でも、日米同盟に依存しすぎて、「アメリカに守られているから、自衛隊はいらない」と考えている人もいるようだが、自分たち自身で自国を守る覚悟がなければ、外国人には尚更その気はないことに早く気付くべきである。

完全に見捨てられることはないとは思うが、「中国と戦争するくらいなら、沖縄を譲った方がまし」と考える米国の政治家が出てくることは当然あり得る。事実、トランプ大統領は米国の国益を最優先にしているのだから。米国の国民にも、自国から遠く離れた小さい島のために命を犠牲にする気のある人はあまりいないのではないだろうか。

隣国にとって脅威にならなければ攻められないと言う人もいるが、軍隊が弱ければ弱いほど戦争の可能性が高くなることは、歴史が何度も証明してきた事実である。

軍隊の「抑止力」の大切さに関して、ラドヤード・キップリングという、有名なイギリス人の小説家の言葉を紹介したい。彼は一八八九年に日本を訪れ、こう記している。

「日本人が必要以上に礼儀正しい理由は、彼らに常に刀を持つ伝統があったからだろう」

これは、無礼なことをしたら、命を落とすかもしれないと思わせられれば、言動に気を付けさせられるということだろう。

無慈悲な国際社会では、国家の刀たる軍隊を持っていない国が礼儀正しく扱われるはずがない。日本の場合、北方領土と竹島は不法占領され、同胞が拉致され、慰安婦問題という詐欺で大金をむしり取られている。隣国と対等な関係が築かれているとは言い難い状況である。

また、実際に戦争を全く知らない人は、戦争は合理的な理由で起こり、妥協すれば解決できるという勘違いをしている。

ゴルダ・メイアという、イスラエルの政治家は、アラブ諸国が力を合わせてイスラエル国を世界地図から消そうと戦争を始めた時、「妥協派」に対してこう述べた。

「私達は生きたい。彼らは私達に死んでほしい。こんな状況で妥協の余地はどこにあるか?」

日本の隣国は、徹底した反日教育を自国民に施し、国民の怒りを外敵（日本）に向けることによって政権の安定性を保っている。日本が何度も謝罪し賠償金を払ったところで、反日の感情は薄まるどころか、むしろどんどん強くなってきた。子供の頃から心底日本を憎むよう教育された人達は賠償を求めるだけでは満足しない。彼らにとって日本そのものが目障りであり、平和的に問題を解決する意志など毛頭ないだろう。外交の正常化を望んでいるなら、隣国の言いなりになるのではなく、強い日本を再建し、「喧嘩を売り続けるなら痛い目に遭うぞ」とアピールすることが先決なのではないだろうか。そうして初めて、隣国は一方的に日本を叩くのではなく、平和的に共生する方法を探す用意を示すだろう。

親露派大統領に抗議して立ち上がった国民

話を再びウクライナに戻し、ウクライナの民族構成の分布図をご覧頂きたい。東側は三〇〇年間もロシアに占領され続けた結果、人口の一～二割はロシア人で占められている。一方、西側はポーランドの一部だったので、民族浄化や虐殺はほとんどなく、九十五%はウクライナ人のままで、日常生活でもウクライナ語を使っている。こういうところからも、占領者の態度の違いがよくわかるだろう。

東部は、ソ連の策略で国内にロシア人が多かったため、独立しても完全にロシアから離れることはできなかった。当然のことながら、独立後二十五年もの間、国内のロシア人は相変わらず親露派の政党に投票していた。ウクライナ独立派は、NATOや欧州連合（EU）に入ることを目指し、親露派はウクライナをロシアに取り戻すことを目

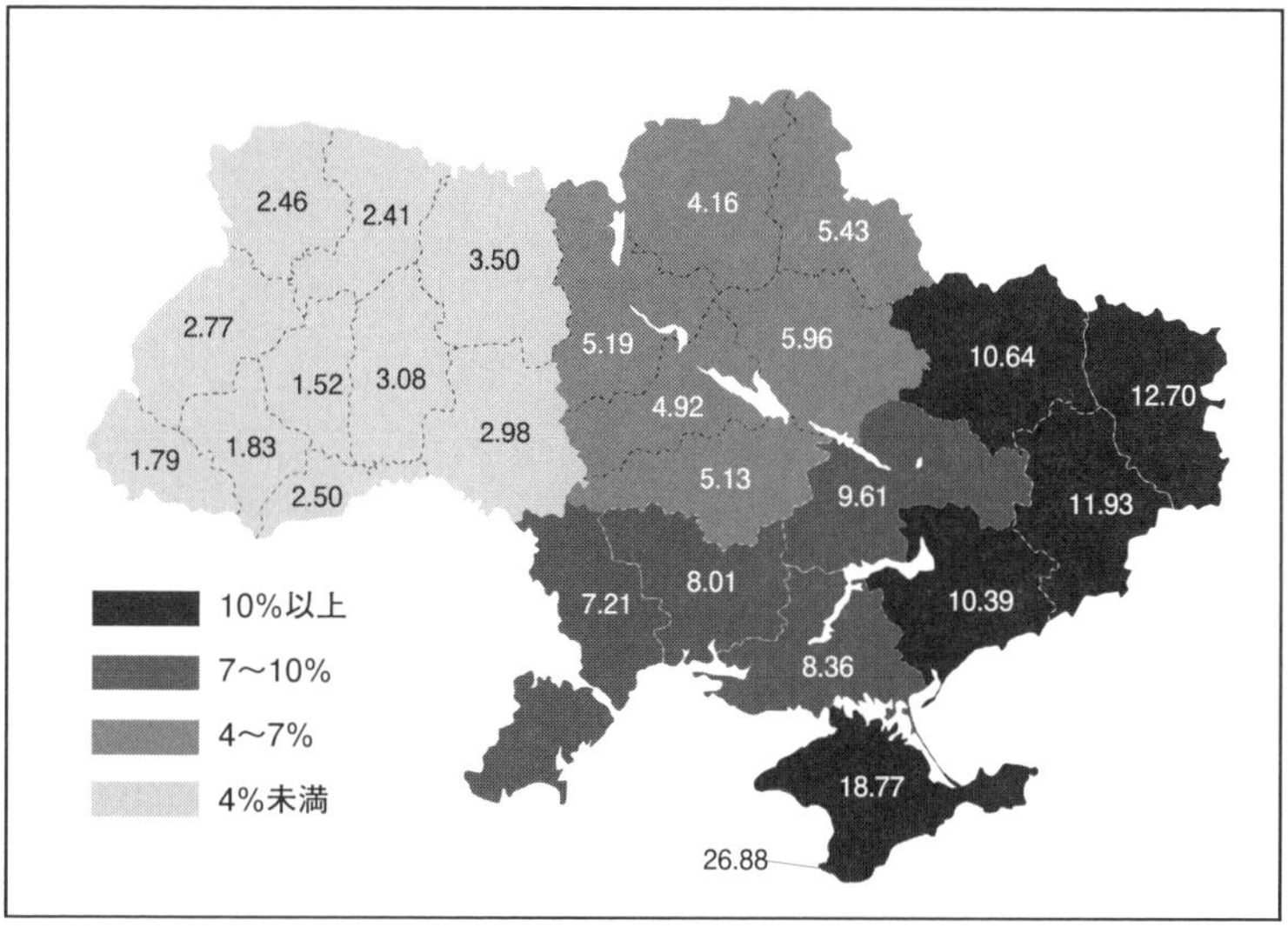

ウクライナ国内のロシア出身者の比率（2001年、ウクライナ内務省）

指してきた。

　それが大きな問題になったのは、二〇一〇年だった。当時、ウクライナでは経済危機が続いていて、多くの国民、特にお年寄りの方々は、経済危機は資本主義のせいであると信じ込んでいたため、ソ連の復活を目指す政党の支持率が上がった。その影響で、二〇一〇年の大統領選挙では三十五％の支持率で親露派のヤヌコビッチ大統領が当選してしまった。ヤヌコビッチは大統領就任後、すぐに野党のリーダー、チモシェンコを逮捕するよう命じた。

　ウクライナ南部のクリミア半島では、ソ連時代からロシア軍の基地が残っていたが、条約では二〇一〇年にロシア軍は引き上げることになっていた。

　しかし、ヤヌコビッチは、メドヴェージェフ（当時、ロシア大統領）と会談し、ロシア軍のウクライナ駐留期間を二〇三〇年まで延長した。独立以来、ウクライナは欧米の国々を模範として民主化を進めてきた。何度も憲法を改正し、言論の自由、思想の自由など、人権に関わることを憲法で明記するようにしていたのだ。

にもかかわらず、親露派大統領によるたった一つの命令で、すべての憲法改正は無効になったのである。一日で、ウクライナは十年前の憲法体制へ逆戻りしてしまったのだ。ヤヌコビッチ大統領が任命した総理大臣は、ロシア生まれで国語（ウクライナ語）をまったく話せない人だった。だから、国会で議論するときも、常に外国語にすぎないロシア語を使っていた。それでも、国民はまだ我慢していた。

我慢の限界を迎えたのは、二〇一三年だった。この年、欧州連合（EU）はウクライナに自由貿易協定を締結するよう提案した。このニュースに国民はとても喜んでいた。ヤヌコビッチ大統領も、最初はその提案を受諾する旨の発言をした。しかし数日後、プーチンと相談し、意見を正反対に変えた。

「欧州連合との自由貿易協定交渉を停止する。代わりに、ロシアとの自由貿易協定の検討を始める」と。

「ロシアとの経済的、歴史的な関係の方が強いから」という理由だった。多くの国民はショックを受けた。そして、この決定を受け入れることができなかった学生たちは、首都キエフで小さなデモを起こした。抗議者の数は一〇〇人にも満たなかった。

しかし、大統領の命令により、このデモは残酷な形で鎮圧されたのだ。性別問わず参加者は皆、警察にボコボコにされて逮捕された。国民は決して許すことができなかった。ロシアならば、政治運動への参加者を逮捕したり、殺したりすることは日常茶飯事かもしれないが、独立ウクライナの歴史の中でそうしたことは一切なかったからだ。独裁体制の復活を防ぐため、また再び植民地化されないために、翌日にはなんと一〇〇万人の人々が抗議に参加したのだ。

首都キエフの最大広場に100万人が集ったデモは、マイダン革命（尊厳の革命）と呼ばれた。（写真／時事通信社）

もちろん、私も首都へ行くことを決意した。とは言っても、それは決して簡単なことではなかった。まず、首都キエフに行く電車はすべて大統領命令で運転停止となった。当時、私は専門学校の四年生だったが、学長が全学生を集めて、「デモに参加する人には退学してもらいます」と脅した。

それでも、私は「こんな国は絶対嫌だ」と思い、友達の車でキエフに行くことにした。車で行こうとしても、国道には多数の通行検問所が設けられ、何度も止められて職務質問を受けた。しかし、東部から来たことと、質問にロシア語で答えるようにしたおかげで何とか通ることができた。こうして、首都の最大広場（独立広場）にテントを置き、約十日間、抗議活動に関わった。

ちなみに、ロシアマスコミは「参加者は皆、極右ナチスだ」といったデタラメな情報を流していたが、この時の運動は保守もリベラルも正教徒もカトリック教徒も、誰もが日頃の争いを忘れ、国家を救うという一つの目的のために手を組んだ稀な例であった。

欧州旗を揚げＥＵへの加盟と欧米化を目指したリベラル派も、ＥＵ加盟に反対しウクライナ独自の文化に基づくナショナリスト国家の成立を目指した右派も周りに数多くいて、国家観が違えども、「ウクライナ独立国家の存在自体が何よりも大事」という考えを共有して仲間として戦った。愛国心には、左も右もないことを痛感した。

デモ参加者を暴力で排除する親露派の警察

しかし、抗議運動家に恐怖を覚えさせ、反対運動を鎮圧するために、親露派は非常に汚い手法を使った。二〇一三年十二月、独立派のタラス・スロボデャンが拉致され、しばらくして、拷問された形跡が見られ、右手が切り取られた彼の死体が見つかった。病院の前にも私服警官や親露派暴力団が待ち伏せし、警察との衝突で既に負傷している人をも拉致した。ユリー・ヴェルビツキーもその一人だった。直接病院から拉致されて森中に連れられ、手足をへし折られた後、動けない状態でその場に置かれ、死亡した。

このいかにもＫＧＢ（ソ連国家保安委員会）らしい手法は逆効果でしかなく、抗議デモの規模は大きくなるばかりだった。それでもなお、大統領は国民の声を聞かずに、警察に抗議参加者を撃つよう命じた。西ウクライナと中央ウクライナの警察官たちが命令を拒否すると、東ウクライナの親露派警官をキエフに派遣した。こうして私の仲間のうち一〇〇人が一日で射殺された。

しかし、スナイパーに撃たれても、誰も抗議を諦めなかった。止めたら国が独裁体制に戻るに違いなかったからだ。

国外へ逃亡した大統領

大統領は軍隊をさらに送ろうとしたが、そうはいかなかった。ウクライナには徴兵制があり、軍人は私と同じ若い男性たちがほとんどだ。軍人たちが抗議参加の若者たちに対してではなく、親露派の警官に武器を向ける可能性さえあった。そのため、軍隊の司令官は「中立宣言」をした。「軍隊の使命は国家の独立を守ることであり、国内の政治的な争いに関わることは違反」であると。

共産党をはじめ、日本では軍人を「非人間」視し、政府弾圧機関の一つとして見る傾向が強い。

しかし、たとえ特別な訓練を受けても、同じ国で生まれ育ち、同じ学校に通い、同じテレビ番組を見、同じ人情を持っている人間なのである。何も考えずに、ただ命令に従うロボットではない。共産主義国家で行われるような異常な洗脳がなされない限り、自国民に銃を向けることはないだろう。軍隊と一般市民の交流が多ければ多いほど、そういう可能性が低い。

逆に、軍隊を排他的に見たり、暴言を吐くなどして「市民」と「軍隊」の間に壁を作ってしまうと、万が一、「反対派を撃て」と命令された時、それに従ってしまうかもしれない。最初から相手を敵視して人間として見ていないにもかかわらず、いざというときに相手が自分を守ってくれると期待するのはあまりに身勝手だ。

どんな優れた「シビリアン・コントロール」よりも、国民同士の強い共同体意識や共通の価値観の方が、政権の暴走を防ぐ上では有効なのではないだろうか。

ウクライナでは政府に対する不信感がいつの時代も非常に強かった。二〇一七年十二月に実施された世論調査によると、国家機関の信頼度は次の通りだった。

大統領は十六%、内閣は十一%、国会はわずか六・九%。一方で、国軍の信頼度は約六十八%で、国軍以上に信頼されるものは「教会」しかなかった。

こうした結果になるのは、政治家や大手資本家は戦争によって利益を得ることがあり得るとしても、一般軍人にとって戦争するメリットは何一つないからだ。軍人が戦場で得られるものはPTSD（心的外傷後ストレス障害）や負傷、戦死のみ。自らの命を危険に晒《さら》し、身をもって国民を守る兵隊を信頼してはいけないというなら、一体誰を信じれば良いのだろうか。

さて、軍隊の支持を失った大統領は、ロシアへ逃亡した。総理大臣、親露派政党の大半の国会議員もロシアへ逃げた。人々を殺していた親露派警察官もロシアへ逃げ、今ではロシア国籍をもらってロシアの警察に勤めている。大統領が国を捨てて外国へ逃げるなんて、誰も想像すらできない事態だった。その後、政府首脳陣が逃亡したことを受け、大統領選挙が行われることになった。

クリミアの悲劇と祖国回復の動き

親露派メディアは二〇一四年の政権交代を「クーデター」、新政権を「フンタ（独裁軍事政権）」と呼んでいるが、この運動の目的は「政権を取ること」ではなく、「再選挙を行うこと」だった。再選挙で、自国民を殺すような連中が勝つはずがないので、新しい政府が選ばれるまでの間隙を突いて二〇一四年二月、ロシアはクリミアへの侵略を始めたのだ。ウクライナを戦争に巻き込むことで、EUとの接近を防ごうという狙いもあった。

これは、ロシア国家がいつも使っている卑劣な手法である。北方領土が強奪された歴史と、クリミアが強奪された歴史は非常に似ている。日本の場合、日ソ中立条約があったにもかかわらず、抵抗する力が尽き、敗北寸前だった時期にソ連に侵略され、赤軍によって民間人・軍人問わずに日本人が殺され、固有の領土が奪われ、一週間ちょっとしか参戦していないのに何十万もの日本兵がシベリアに送られて強制労働させられた。

　これと同様の手法で、ロシアは国境を定めた友好条約があったにもかかわらず、大統領らがロシアへ逃げて事実上の無政府状態に陥ったウクライナに対する侵略戦争を始め、ウクライナ領土を不法占領したのだ。

銃を構えたロシア兵に監視されての投票

　ロシア政府は国際社会を騙そうとして、クリミア半島は民主的な投票でロシアの一部になったと嘯《うそぶ》くのだが、三月の住民投票はどういうふうに行われたのか。

　まず、投票所の周りはロシア軍人だらけだった。しかも、彼らは「クリミアはロシアである」と書いたプラカードを持っていた。ロシア軍に銃を向けられながらの投票のどこが民主的なのだろうか？　しかも、投票用紙を数えたり、結果を発表するのは、ロシア軍の関係者だったのだ。

　もし、中国軍が沖縄を占領したとして、そこで同じような不法かつ不当な投票を始めたら、沖縄在住の日本人は投票に参加するだろうか？　仮に参加したとしても中国軍が発表した結果を信じるだろうか？　そんなはずがない。同じようにクリミア半島でも、その偽投票に参加したのは、親露派のみだった。

　その後もロシアは、クリミアと同じように、ウクライナ東部（ドネツィク州、ルハーンシク州）にも入り込み、現地の親露派とともに暴動を起こした。

私の出身地のハリコフ市の市役所も一時的に攻略された。しかし、警察が動き、独立派市民が協力したおかげで、侵略者を排除することができた。とはいえ、ハリコフ市は軍事工場が集中し、戦場に最も近い大都市であるため、今でも鉄道や地下鉄に爆弾を仕掛けるようなテロ事件がしばしば発生している。

二〇一四年五月に行われた大統領選挙（国連と欧州連合の監察官のいた選挙）で親露派政党の支持率は八％に過ぎず、実業家のポロシェンコが当選した。

ポロシェンコ新政権になったと言っても、もちろん根深い汚職や低い経済成長率といった根本的課題はすぐには解決していない。しかし徐々に改善されつつあるし、何よりもこの頃から国民の意識と歴史観が大きく見直されるようになった。ウクライナ人はソ連・ロシアとの縁を断ち切り、ヨーロッパ文明の一員になることを選択し、非共産化政策を始めたのだ。

冷戦が終結し、ソ連から独立した後も、ほとんどの市ではレーニン像が残っていたが、この頃からすべて撤去された。通りの名や駅名に「社会主義革命記念通り」「赤軍駅」といった、レーニンや他の共産党役人を褒め称える名前が非常に多かったが、すべて改名された。ハリコフ市だけでも非共産化政策の下で一五〇以上の地名が改名され、生まれ育った故郷なのに、住所だけで場所を探すことはとても困難になったほどだ。

二〇一四年までは二月二十三日は「祖国防衛者の日」、五月九日は「戦勝利の日」という国家祝日だった。

しかし、二月二十三日は赤軍が設立された日。ウクライナ人民共和国を侵略し、ウクライナの独立を奪い、多くのウクライナ人を虐殺した赤軍はこれまで「祖国防衛者」扱いされてきたが、政権交代後、そういった誤った認識が一掃され、「祖国防衛者の日」は十月十四日に祝われるようになった。この日は、第二次世界大戦の時にウクライナの独立をめざし、ドイツ軍ともソ連軍とも戦った「ウクライナ蜂起軍（ＵＰＡ）」が設立された日である。一九五四年まで反ソ連ゲリラを続けてきたから、ソ連とロシアの歴史観では「戦犯」「ナチスト協力者」のレッテルが貼られている組織である。二〇一四年以降、ようやく彼らの名誉が回復し、英雄として認められた。

現ウクライナは、もはや「ウクライナ・ソビエト社会主義共和国」ではなく、赤軍の侵略によって滅ぼされた「ウクライナ人民共和国」や、ＵＰＡが目指してきたウクライナ独立国家の後継者であるという考え方が一般的になったため、「第二次世界大戦の戦勝利」を祝うのはおかしいということに気が付いたのだ。ウクライナは戦勝などしていない、むしろソ連軍に負けた敗戦国家であるということで、五月九日を祝う習慣が廃止された。代わりに五月八日が「戦没者の追悼と参戦国の和解の日」として記念日になった。

このような、外国によって押し付けられた歴史観の見直し、英霊の名誉回復はウクライナにも日本にも起きているプロセスである。

そして、非共産化政策で最も大事なことは、「ナチズムとコミュニズムは多くの悲惨をもたらした全く同様な反人民的なイデオロギーであるため」共産党を禁止し、共産主義を賛美したり公共の場で赤旗を挙げたりすることを違法とした法律だ。共産党が法的に禁じられている国は九カ国あって、ウクライナはその一つになった。

ソ連の負の遺産を受け継いだロシア

では、同じ旧ソ連国家のロシアはどうだろうか？　多くの日本人は「ソ連とロシアを同一視してはいけない、プーチンもソ連を嫌っている」と勘違いしているが、少しでも調べたらそれは事実でなく、その人たちの願望に過ぎないことがわかるはずだ。

まず、KGB出身者であるプーチン自身がいくつかのインタビューで「ソ連崩壊は二十一世紀最大の悲劇」という主張を繰り返している。二〇一八年、レヴァダ・センター統計局によって行われた世論調査では、六十六％のロシア人が「ソ連崩壊を残念に思っている」と答えた。「ロシア歴史の中で最も偉大なる人物は誰か」という問いに対して、三十八％のロシア人が「スターリン」と答え、全体の第一位を占めた。共産主義者の中でもスターリンの評価について多くの議論が続いているが、ロシアの中で四十六％の国民は、「スターリンを好意的に見ている」と答えている。そして言うまでもなく、「戦勝利の日」は毎年祝われ、コンサートの他、プーチン大統領が必ず参加している軍事パレードもあり、最も大規模な祝日行事である。

二〇一四年にロシア国会は、「ナチズム正当化禁止法」を採択し、ナチズムを賛美するような発言を禁じるだけではなく、「歴史修正、特にソ連の第二次世界大戦における役割について史実でない情報の発信」も禁じた。つまり、ソ連の戦争犯罪を指摘すること、一九三九年にドイツの同盟国として参戦し、ポーランド東部を不法占領したことなどを発信すれば（史実であるにもかかわらず）、罰金を課されることになるのだ。旧ソ連国家の中で、これほど「ソ連の名誉」を守りたがる国はほかにない。

クリミア半島はロシアのもの？

今では、ロシア軍が直接介入し、ロシア正式軍人がウクライナ東部で戦っている証拠が数多く出ていて（実際に捕虜となったロシア兵を含めて）、二〇一四年七月に起きたマレーシア航空MH17便撃墜のミサイルはロシア軍所有だったという共同調査班（JIT）の調査結果まで出ている。

しかし、二〇一六年まではロシアがあらゆる介入を否定し、ウクライナで起きているのはあくまでも「内戦」だという嘘を広めていた。これは現代戦争を物語る出来事だ。

今や大規模全面戦の時代は終わった。今日の帝国主義国家はまず、民主主義の欠点を利用し情報戦を仕掛けることによって隣国の政治情勢を不安定化させ、国民同士の対立を煽《あお》ることによって混乱を起こし、中央政府と戦っている勢力を資金や武器提供によって支援し、その勢力が一部の地域を占領できたら、そこに自分の兵を送り支配し始める。

今でも、「クリミア半島にはロシア人がもともと住んでいた」というロシアプロパガンダの主張を信じている日本人がいる。ロシア人が多く住んでいたことは確かに否定できない。しかし、そのロシア人はいつから住み着いているか、どういう経緯でクリミア半島に現れたか、調べる必要があるだろう。

クリミア半島に初めて国家ができたのは、紀元前四三八年のこと。その国家の名前は、ボスポロス王国で、住民は主に古代ギリシャ人だった。その後、スキタイ人などの遊牧民に支配され、一世紀頃からローマ帝国の領土となった。その後、六世紀頃、ビザンツ帝国の領土となった。

十三世紀頃、モンゴル帝国の領土となった。モンゴル帝国が崩壊すると、一四四一年にクリミア・ハン国というクリミア・タタール民族の国ができた。そして一七八三年に、当時すでにウクライナを植民地にしたロシア帝国はクリミア半島を侵略し併合した。そして一九一八年に、クリミア半島はウクライナ人民共和国の一部になったが、ソ連に占領されると再びロシア領となり、一九五四年からはウクライナ領土となった。

おわかりだろうか？　二六〇〇年間もあるクリミア半島の歴史の中で、ロシアの支配が続いてきたのはわずか一七一年間だけなのだ。しかも、侵略戦争によって一時的に入手したにすぎない。こんな地域を「ロシア固有の領土」と呼ぶのはあまりに無理があるではないだろうか？　固有の領土ではなく、「一時的にロシアに支配された時期もあった地域」と言うべきであろう。

では、なぜロシア系住民が多かったかというと、それは一九四五年にスターリンが命令した強制移住政策の結果だ。第二次世界大戦が始まり、クリミア半島がドイツ軍に占領されることを受けて、一部のクリミア・タタール人は、それをロシアの軛《くびき》から解放される良い機会と思い、ドイツ軍に協力したため、ソ連共産党に復讐され祖国から追放されたわけだ。三万二千人以上の内務人民委員部兵士が、三日間で二十万強のクリミア・タタール人をウズベキスタンやカザフスタンなどに強制的に移住させ、代わりにロシア人を入植させた。移動中、追放された者の七％が餓死し、内務人民委員部の資料によると、その年のうちに半数も死亡した。このようにクリミア半島の最大先住民族があっという間に祖国を失い、半島はロシア系住民に支配されるようになった。そして、生き残ったクリミア・タタール人がクリミア半島に戻ることは当然禁じられていた。

北方領土においても全く同じ政策が行われ、追放された日本人の代わりにロシア人が入り、今も住み続けている。勝手に入った入植者がいるとは言え、歴史的に見て北方領土がロシアの領土ではないように、クリミア半島もロシアの固有の領土ではない。

ウクライナは独立し、クリミア半島を統治するようになると、すぐ「本国帰還支援プログラム」を実施し、強制的にクリミアから追放されたクリミア・タタール人の子孫に祖国へ戻るよう呼び掛け、無料で土地を与えた。十五万人以上がそのプログラムを利用して祖国へ戻ることができた。「ロシアは我々を追放した、ウクライナは我々に祖国を取り戻した」という認識が強いおかげか、クリミア半島は再びロシアに占領されてからも多くのクリミア・タタール人がウクライナ国籍を残し、侵略者に反発し続け、ロシア占領軍と戦うウクライナ軍にクリミア・タタール人の志願兵だけででてきている部隊まである。多くのウクライナ人以上にウクライナに対する愛国心が強い。

経済悪化、破滅寸前のロシア

クリミアに対するロシアの直接的な軍事介入があったことは事実であり、国連も日本も認めている。ロシアが侵略戦争をできなくなるように、日本を含めたG7の国々は、ロシアに対して経済制裁措置をした。その影響でロシアでは以下のような大きな経済危機が起こりつつある。

(1) 海外への移民増加

ウクライナ侵略以降、ロシアから逃げたがる人々の数は歴史上一番多くなっている。毎年三十五万人以上、外国へ移民している。世論調査によると若者の四十一％が「移民したい」と考えている。

(2) ルーブルの為替相場下落

二〇一四年以降、ロシアの通貨ルーブルは二倍以上も安くなった。

(3) 貯蓄率の低下

ロシアの「安定資金の貯蓄」は、二〇一四年からの二年間で五分の一となった。

今の状態はまさに破滅寸前だ。ロシアの経済が資源輸出で成り立ち、国家予算の三十八％もが治安維持・防衛・国家官僚に使われている。こんなに大きな弾圧機関を維持しなければプーチン政権がもたないのだから、経済力がどんどん低下しても、治安維持費を減らすことがないどころか、増え続けている。

一方では、教育、年金、科学、衛星に使われる予算が毎年削られている。二〇一八年、慢性的な赤字状態を少しでも改善しようと、プーチンは年金改革を行い、年金受給開始年齢を六十歳から六十五歳まで引き上げたが、ロシアの平均寿命は七十一歳にすぎず、強い反発を買った。年金制度改革と貧困率増加を受けて、プーチンの支持率は三十八％まで急落した。

ロシア国民がこれ以上貧しくなったら政権が倒れると見たからこそ、プーチンは日本にやってきたのではないかと思う。三千億円の経済協力で北方領土問題が前進すればまだいいのだが、実際は何の進展も見られない。それればかりか、逆に、数年前よりも、ロシアの態度は厳しくなった。

二〇一七年の日露会談で、三時間も遅刻したプーチン大統領は次のように言い放った。

「一八五五年にプチャーチン提督が(日露和親)条約を締結した時、日本は初めて南クリル諸島を手に入れた。それまでロシアは、それらの島々は自国に帰属すると考えていた。一九四五年、ソ連はサハリンだけでなく、南クリル諸島を取り戻した」

ロシアのマスメディアは「日本は北方領土について待つことを受け入れた」、ロシアの外務省は「共同経済活動はロシアの法律と主権の下で行われる。クリル列島は全てロシアの領土だからだ」と報じた。

日本側には、「日露経済協力は対中対策だ」と主張する人もいる。しかし、プーチンは次のようにも言っていた。

「ロシアにとって主たるパートナーは中国である。露中間の政治的信頼のレベルは非常に高い。主な国際問題に関する我々の立場は近く、またあるいは双方の外交官らが言うように、それらの見解は一致している。我々は、関係インフラを拡大し、向上させている」

さらに次のようなニュースの見出しも見られた。「ロシア軍、北方領土に最新ミサイル配備。北海道の道東全域を射程内に」「北方領土の光回線敷設に中国大手ファーウェイが参画」

2019年6月の中露首脳会談。経済関係強化と安全保障での共同歩調を掲げた二つの共同宣言に署名した。（写真提供／時事通信社）

「プーチン大統領、ロシアにとって主たるパートナーは中国」「ロシアが北方領土の土地無償分与を開始。実効支配強めるプーチン政権」「ロシア軍機が日本を周回飛行。空自がスクランブル」。

二〇一八年の記者会見で、日本人記者が北方領土についての質問をすると、プーチンは嫌そうな顔で「あいかわらずつまらない質問するね」と答えたが、一方で中国人記者の質問への回答では「親愛なる友ら……」から始める。安倍総理との会談にはいつも遅刻するが、習近平との会談には時間通り来ても頭を下げる。弱者を攻めて、強者に媚びて取り入るというのはプーチン外交の基本だ。中露共同軍事訓練までやっているのに、いまだ「プーチンは親日家」という妄想を抱く人がいることは不思議でならない。

大国の中で、対露経済制裁に加わらずに、逆に貿易を拡大している国は中国だけである。国連安全保障理事会においても、親露的立場を取っているのは中国だけである。地政学的にも経済面、軍事面から見ても、日本と協力するために唯一残っている同盟国を裏切ることはプーチンにとって百害あって一利なしである。日本が米国との同盟を廃止し、民主主義国家をやめない限り、プーチンから「味方」として見られることはないであろう。

当然、プーチンには中国を恐れる感情もあるが、それは大国として当たり前の態度である。すべての隣国を仮想敵として見ることは世界常識であり、友情や信頼関係しか考えずに外交を行う国は日本くらいだ。ロシアの経済力は急落しているが、いかに危うい状態に陥っても、格好つけたがるのもまたロシアの特徴である。

そこには領土問題を利用してG7を分裂させ、経済制裁を解除してもらう目的しかない。しかも、日本の経済支援のおかげで北方領土に住んでいるロシア人の生活が良くなればプーチンの支持率は上昇し、北方領土返還はさらに困難になるとすら思われる。日本からの資金をシリアやウクライナへの侵略戦争に使う可能性もある。

もちろん、何年間も交渉が進んでいない状況をどうにか変えようとする安倍総理の姿勢もわからなくはないし、世界から孤立しつつあるロシアは、中立的な立場を取った日本に譲歩してくれるという狙いにも一理あった。

だが、二〇一六年に新アプローチが発表されてから三年経った今、弱腰外交は失敗したことを認めざるを得ないだろう。それは日露関係に関してだけではなく、日韓関係と日中関係についても言える。友情を訴える前に、まずはしっかりした国力（軍事力を含めて）を備えなければならない。ロシア人の一般的な世論は、「我々にとって平和条約は必要ない。日本は脅威じゃない。平和条約を望んでいるのは日本なのだから、日本だけが譲歩すれば良い」と考えている。隣国が日本を尊敬し、「日本と仲良くした方がいい、敵に回したら怖い」と思われるようになって初めて、国益外交ができるようになるだろう。

沖縄を「クリミア化」させるな

　ここまで見てきた通り、拡張主義国家による侵略戦争は、決して過去の出来事ではない。クリミア強奪は二〇一四年だった。そして今も、ウクライナ東部での戦闘は続いている。日本の場合、ロシアや中国や韓国による挑発は、今現在も起こされ、沖縄での反日工作も進行している。手遅れになる前に手を打たないと、沖縄でクリミア半島のシナリオが繰り返される可能性もゼロではない。国際政治を甘く見てはならない。国際情勢が悪化し、一方で米国が内向き志向に転換している中で、世界は強い日本を求めている。

　日本人は昔から内向きの傾向があって、多くの被害をもたらす国家間の争いに巻き込まれることを避けたい気持ちはわかるが、二十一世紀には「鎖国」ができない。二十一世紀には、大陸間弾道ミサイルが三十分以内、飛行機が二十四時間以内で、世界のあらゆる地域に届いてしまう。その上、全世界を統一情報共同体に繋げたインターネットも存在する。グローバル化はもはや歴史の自然な流れであり、いかなる国でも生き残るためにはグローバルな考え方をしなければならない。他国で起きている残虐な虐殺や戦争に自分が無関係と考えることは大間違いなのである。

　以前、友達からこういう話を聞いた。

「二〇〇八年、ロシアがジョージア（旧グルジア）への侵略を始めた時に、私はクリミア半島のロシア海軍基地周辺にいた。ロシアの軍艦が港を出てジョージアに向かうところを見ていた。『万歳！ジョージアを潰してやれ！』と喜んで叫ぶロシア人も見た。しかし、私も我が国もそれを止めるために何もしなかった。関係ない、大国との対立が怖いと思っていたからだろう。だが六年後、そのロシア軍は今度、私達を殺しにやってきた……」

　中国の帝国主義も、ウイグルやチベットの弾圧だけで終わるはずがない。今、ウイグル人たちを見捨てたら、今度は日本も同じことをされかねない。いつまでも「引きこもって」はいられないし、見てみぬふりを続けるわけにもいかない。最近では、Jアラートが鳴った時に、多くの日本人がそのことを痛感したのではないだろうか。

ウクライナには、「政治をやらないと政治にやられる」という諺《ことわざ》もあるが、それは国際関係全般に関しても言える。国は政治のサブジェクト（主語）にならなければ、他国に弄《もてあそ》ばれるオブジェクト（目的語）になってしまう。グローバル化した世界の中で、日本がグローバル・リーダーとなり、大国として登場することが期待されている。日本にはそのための技術も経済力も思想力もあるはずだ。

私は五年前に来日し、憲法改正の議論が最も活発化していた時期を日本で過ごしてきた。そして、「平和」と「戦争」という言葉を何度も何度も耳にしてきた。

その上で思うのだ。護憲派の人々が軽々しく脅し文句として使っている「戦争」という言葉はウクライナの現状そのものであり、彼らの主張はウクライナが犯した過ちと非常に似ているのだと。

自称平和主義者はこう述べる。「軍隊をなくして隣国にとって脅威にならなければ攻められない」「どんな争いでも、平和を訴え、話し合いさえすれば解決できる」「集団的自衛権を認めたら他国の争いに巻き込まれるから危険だ」。

しかし、核兵器を放棄し、一〇〇万人の軍隊を五分の一の二十万人に軍縮、大国の対立に巻き込まれないようNATOのような軍事同盟にも一切加盟しなかった、私の母国ウクライナが辿った悲劇はここまで述べてきた通りだ。

こんな政策がすばらしいと考えている方々を、私はぜひ今、ウクライナの最前線に連れて行きたい。戦火で燃え尽きた村の廃墟、ミサイルが落ちている中で学校の地下に隠れている子供、二十歳までさえ生きられなかった戦歿者のお墓を見せて聞きたい。

「あなたが望んでいる日本の未来はこれなのですか？　戦争が言葉によって止められるものなら、その言葉を教えて下さいよ！　安全な日本にいる時だけは戦争のことばかり話しているのに、どうして実際の戦地に一度も『平和の精神』とやらを伝えに来たことがないのですか？」

憲法改正で国民の強い意志を示すことこそ抑止力

私に言わせれば、抑止力をなくして平和を得た国はない。そして、抑止力というのはなにも物理的なものだけではない。もし国民投票の際、何千万人もの日本人が投票所で「改憲賛成」に票を入れたならば、「我々は外国によって強制的に押しつけられた法律を認めない。自分の国を自分で治めるのだ。自衛隊がこの日本を守っているように、我々も自衛隊に協力し自衛隊員の権利を守る」という意味になるだろう。そういう強い意志を示すことこそが、最大の抑止力になると思う。

一方で、憲法が改正されない状況が続けば、隣国はこう受け止めるのではないだろうか？

「日本人って、武力をもって攻撃したら、いつまでも押しつけられたルールにおとなしく従うんだ。日本の領土を奪っても、国民を拉致しても、国際条約を破っても、何度も領海侵犯してもまったく動こうとしないんだ。日本の国会には決断力がなくて、どんな危機に直面しても行動をとらず、中身の薄い議論を続けるばかりなんだ」と。

ところで、日本国憲法の前文には「平和を愛する諸国民」という言葉が出てくる。私も、どんな国でも一般市民の大半は平和を愛すると信じたい。しかし、日本の隣国の中で、権力者が国民の願いを聞いてくれる国などあるのだろうか？　北朝鮮にしても中国にしてもロシアにしても、独裁国家ばかりではないか。その国々の国民がいくら平和を愛したとしても、権力者が戦争しろと命令したら国民はＮＯとは言えない。

国際情勢が深刻化する中で、国家の存亡に関わる憲法改正問題を、これ以上先送りするわけにはいかない。日本がようやく迎えている歴史的なチャンスを掴むか、台無しにしてしまうかによって、後生の子孫たちがどのように今日の日本人を評価するかが決まる。

「令和」と名付けられた新しい時代に、大和精神に基づく法令によって日本が自立し、国際社会の対等な一員になることこそが、日本のためにも世界のためにもなるはずだと信じている。

第2章

日本人が知らない共産主義の恐怖

1930年代初期、コルホーズ（集団農場）への土地の永久使用証授与式。このような式典は集団化を見守るスターリンの肖像の前で行われた。（写真提供／時事通信社）

一般ソ連人から見たソ連とは

日本を含めたほとんどの先進国は、幸運なことに冷戦時代に共産化を免れることができた。共産化を免れたからこそ、先進国になれたとでも言うべきであろう。

その反面、共産主義の実態に関する知識はあまりにも浅く、恐怖を覚えないばかりか、社会主義・共産主義的思想を好意的に見る人も少なくない。共産党一党独裁を体験し、大痛手を被った東欧諸国は、ナチズムと共産主義を同視し、あらゆる手段を用いて、その有害なイデオロギーの普及を防止しようとしてきた。

例えば、ポーランドとチェコは、民主主義政権成立直後、元共産党関係者の被参政権および公務員になる権利を剥奪した。ウクライナでも、二〇一四年の政権交代後、刑法が見直され、共産党は解党させられ、公共の場で赤旗を露出することすら違反になった。これを犯した者は、五年以下の懲役に処されると定められた。民主主義や人権を否定したわけではなく、民主主義を守るためにこういう対策を取らざるを得なかったのだ。なぜなら、デモクラシー（民主主義）とコミュニズム（共産主義）は、相容れない関係にある国家体制だからだ。

少数民族の大虐殺、政敵の弾圧、言論の自由の抑制、指導者の個人崇拝は、共産主義政権下では避けることのできない現象だ。一度でも成立してしまえば、平和的に政権交代させる方法はなくなってしまう。共産圏の住民は、これを誰よりもよくわかっているので、フランス活動家のルイ・アントワーヌ・レオン・ド・サン＝ジュストが唱えたように、「No freedom for the enemies of freedom」（自由の敵に自由を与えるな）という立場をとってきた。

左派理論家は、いつも響きの良い言葉で上辺を飾るが、理論と実践は乖離《かいり》している。実は、資本主義国家の国民が当たり前に思っている多くの権利は、ソ連の人々には与えられておらず、それを求めることさえ禁じられていた。

共産主義政権による大量虐殺やテロについてはすでに多くの論文が書かれており、一億人以上の犠牲者を出した共産主義のすべての悪行をまとめるには一章あっても、いや一冊あっても足らないだろう。このことについて、詳しく知りたい方々には、是非『共産主義黒書』という名作を読んで頂きたい。公表された秘密文書に基づいて書かれており、付け加えようがないのだが、私には、海外の研究者とは違う「旧ソ連出身者」という特徴がある。そこで、この章ではまず、学術的な話というよりは、一般ソ連市民の目線から見た共産主義社会とは、どのようなものだったかについて書きたいと思う。

国内パスポート

ソ連では、住民登録制度はただの形式的手続きではなかった。

国民には、「国内パスポート」という身分証明書が発行され、そこに出身地、現住所、民族などが明記されていた。その証明書を常に携帯することが義務付けられ、警察官はいつでも提示を要求することができたし、提示してもらえなかった場合には「身分が確認されるまで」拘留することもできた。

ソ連憲法には、移動の自由を保障する条文もあったが、地元の共産党支部から許可を得ずに隣の州へ行くことは怪しい行為だとみなされていたため、事実上不可能だった。国民の移動をより厳密に監視するために、切符売り場や乗り場でもパスポート・チェックが行われていた。つまり、個人旅行は認められなかったわけだ。

それに加えて、登録されている住所と違う市で働くことも住むことも法律違反だった。

さらに、地方の村に住んでいた人々は、もっと酷い状況に置かれていた。村の住民は一九七四年までパスポートをもらう権利がなく、村を出ることさえできなかった。徴兵制は、多くの若者にとって、村の外の世界を見る唯一のチャンスだった。農民と労働者の解放を訴えていたロシア共産党だが、ソフホーズ（国営農場）制度を採用することによって、実は帝政ロシア時代よりも残酷な封建制度を復活させたと言っても過言ではない。

アパートを買うこともできない

マルクス主義は、私有財産制を否定しているため、私企業が存在せず、不動産の所有権も認められなかった。

ただし、皆が寮に住んでいたわけではない。労働経験等を基準に、国民は順番に政府に決められた地域で、政府に決められたアパートを「無料」で与えられていたのだ。

これを聞いて、「ローンを組まなくてもアパートをもらえるんだ、素晴らしい」と思うかもしれないが、そんな単純で甘い制度ではなかった。

まず、計画経済によって需要と供給のバランスは完全に崩れていて、ソ連崩壊まで住宅不足の状態が続いていた。何十年もの間、アパートの分配を待つことも不思議ではなかった。基本的に、子供のいる家族が優先されていたため、独身の人は亡くなった親の住宅を継がない限り、いつまでも寮や共有住宅に住まなければならなかった。そして、運よく抽選に当っても、「駅の近くがいい」とか、「あの町がいい」などといった好みは誰も聞いてくれなかった。

とはいえ、プライベート・スペースを持ちたい無権利の人と、住宅分配を管理している低給料の官僚が共存する社会では、市場関係が必ず発生する。市場主義を否定し、分配社会を目指していた社会主義国家では、市場関係は「汚職」という形で徐々に広がった。最初は順番を早めるために賄賂を払う習慣が日常化し、汚職が酷くなるにつれて、今度は順番通りアパートをもらうためにも賄賂を払わなければならなくなった。

明らかな犯罪でありながら、共産党の上層部までで関わっていたビジネスだったので、警察は見て見ぬふりをしていた。たまに見せしめ裁判が行われていたが、実際は政敵を排除するための道具にすぎず、単なる見せ掛けと言っても良い。

以上のことからもわかると思うが、自由に引っ越すことは不可能であり、国内移住の唯一の手段は別の市に住んでいる人と住宅交換をすることだった。

こうして、政府は貧困に喘《あえ》いだ地方都市から、比較的豊かな中央都市への「移民」を防いできたのだ。そして、入居したアパートは国有財産だったので、いつでも政府の都合で追い出すことが可能だった。

無名でモノクロの第二世界

本筋から外れた話に聞こえるかもしれないが、旧社会主義圏の住民に大きな心理的な影響を及ぼしたことだと考えられるので、都市景観についても触れたいと思う。

外部の人から見たら、共産主義のイメージカラーは「赤」だと思われがちだが、旧ソ連出身の私に言わせれば、迷うことなく「灰色」である。

灰色の空にそびえる灰色の高層団地、灰色のアスファルト道路を歩く灰色の服を着た人、そこに住む人の表情までもが景色同様に、単調で色あせているように見える。

この灰色による圧倒的支配は、計画経済下で行われた都市計画の産物である。全国各市の建築は全く同じ計画で実施されていたため、樺太からポーランドまで、都市の風姿は似ているどころか、一〇〇パーセント同じと言っても過言ではない。

第二次世界大戦によって甚大な被害を受けたソビエト連邦は、戦後、深刻な住居不足問題に直面し、戦火で家を失った国民に宿を与えるために、一時的な対策として多くのバラックを建築することを決めた。

「壁と屋根さえあれば良し」という感じの建物だ。戦後の危機を乗り越えるために、安価で容易に建てることのできるパネル住宅が最適な選択肢だったことを否定するつもりはない。

しかし、国内事情が安定化してからも、仮設の建築物だったはずのパネル住宅を取り入れ続けたことは、市の歴史的な景観を破壊し、それぞれの

アパートが立ち並ぶ旧ソ連のベッドタウン

市のアイデンティティをすっかりと消滅させてしまったことも確かである。
インターネットさえあれば、誰でもGoogle Mapsで確認することができる。ウラジオストク、モスクワ、キエフ、タシケント、ワルシャワ、ソフィア、それぞれ数千㎞も離れた都市の郊外を、ストリートビュー機能を使って御覧頂きたい。別の国でありながらも区別が全くつかない。同じグレイ・ボックスの形をした建物だらけだからだ。
驚かれるかもしれないが、私はたまたま平壌の写真を観ていて、少しホームシックになったことすらある。たいていの場合、北朝鮮や東欧のマンションの正面を見た時点で、部屋の配置や広さ、階段の数までわかる。共産圏のマンションは、建築計画のパターンが数十個しかないからだ。
さらに、来日して感動したことは、マンションも学校も病院も、すべてに名前がついていることだった。私自身は、第十三病院で生まれ、第五二二区の第三百十三ビルに住み、第十七学校に

通った。あまりにも特徴がなさ過ぎて、もし共産党政権がもう数十年続いていたら、人間まで「第三二四五二九国民」のように名付けられていたのではないかと考えたこともある。

私は、人間は名もないものを十分に愛せないと思う。それぞれに名前がついているからこそ、物に「魂」が宿り、大切にすることができるのではないだろうか。

共産主義社会では、人間固有の精神、すなわち美しさを求める心や抽象的思考は、極めて単純で功利主義的な「社会主義リアリズム」に取って替えられた。原始人でさえ、洞窟を壁画で飾っていたのに、それすらしない共産圏の文化は原始人の文化にも劣ると言っても過言ではないだろう。

病院と学校も選択できない

教育機関も医療機関もすべて国立であり「無料」だったため、行ける病院や学校は住所であらかじめ定められていた。医者を選択することも不可能だ。

計画経済の最大の欠陥である競争の皆無は、医療制度の深刻な劣化をもたらした。

まず、病院職員の月給は固定給だったので、仕事を頑張る理由はどこにもなかった。一日に一人の患者を診ても、十人を診ても給料は一緒だから、不良の医者は、できるだけ少ない患者を診るようにしていた。

しかも、「患者はどうせここに来るしかない」とわかっていたから、サービスはあまりにもひどいものだった。今日でも、旧ソ連の国立病院は未だにその状態が続いている。

これは、私の祖父が脳出血で気を失い、病院に運ばれた時のことだ。医者は、同行していた祖母を呼び、イライラした顔でこう言い放ち、祖母を責めた。

「彼はもうほぼ死者だろうが！　病院内で患者が死ぬと、私たちの給料から罰金が取られるって知らないのか？　うちの病院の統計を悪くするなよ、主人を自宅で死なせてくれ！」

あまりに無情である。仕事をさせる患者に対して憎悪を抱いているのではないかと疑わせる態度だ。しかし、このような仕打ちを受けてもひたすら辛抱強く我慢するしかない。他の病院を使う権利は無かったのだから。

とはいえ、医者の感情もわからなくはない。報酬は、労働量や能力に全く見合っていなかったのだ。日本では、「医者」と言うと「高収入」を連想するが、旧ソ連では国家公務員（医者と学校教師が皆そうだった）は、貧困者の同義語であった。ソ連時代は「平等性」が追求され、医者の月給は工場の職員とほぼ同等だったのだ。

無職は犯罪

共産主義の標語であり、戒律ともいえる言葉に、「From each according to his ability, to each according to his needs」（各人はその能力に応じて働き、その必要に応じて受け取る）がある。

社会主義の理論家は、この後半を修正し「社会は各人の労働に応じて欲求を満たすべき」だとした。そして、一九三六年ソ連憲法でこの概念は、「働かざる者は食うべからず」と記された。プロレタリア独裁の理念を実現するための実践的手段として、「寄生防止法」が採択され、不労所得はもちろん、労働しないこと自体が法律違反になった。

成年に達した健常者が、憲法が定める勤労の義務を逃れ、社会的に有用な労働を回避した場合、二年から五年の懲役に処される。寄生的生活を送っていた間、不労所得によって得た財産は、すべて没収される（徒食対策強化政令から）。

要するに、自発的に働きたくない者は、強制労働させられるという制度だった。

そして、「社会的に有用な労働」の定義が法律に明記されなかったので、多くの反共的詩人や作家、コルホーズ（集団農場）に加入しなかった農家や職人などは「寄生者」として弾圧を受けた。アンドロポフが最高指導者の時代（一九八二―八四）になると、管制が特に厳しくなった。警察は映画館やレストランなどを目配りし、一般人の仕事時間帯に遊んでいる人に職質し、なぜ出勤していないか説明できない者を逮捕した。学校をサボっている子供も同様だった。

就活はない

資本主義圏の国では、就活は激しい競争になっているが、ソ連にはそういう問題があまりなかった。大学を卒業すると、政府（共産党）が勤務先を決めて「くれていた」。故郷に企業がなければ、極東や極北に派遣されることも日常茶飯事だ。「家族と離れたくない」とか、「ブラック企業は嫌だ」とか、新卒の好みなど誰も聞いてはくれない。

在学中でも、学生たちは「オットラボートカ」という制度の下で、無料労働力として使われていた。オットラボートカという単語の本来の意味は、「借金を労働で返済する」。無料の高等教育を与えて下さった祖国に対する恩返しという解釈もできるだろう。学部や専攻は関係なく、学生は年に数回コルホーズに派遣され、収穫などの手伝いをさせられた。

さきほど、自分のアパートは自分のものではなかったと説明したが、実は（働く所を選べないことから）自分の身体まで国有だったとも言えるのではないか。

出国ビザ

日本人はビザなしで一九五カ国を訪れることができ、日本のパスポートは世界最強だと言われている。それに対して、ソ連では海外旅行は基本的に禁止だった。共産主義国同士でも、自由に個人旅行することができなかった。

数十年に一回、勤めている企業で抽選が行われ、選ばれた者にバウチャーが配られ、ツーリスト集団の一員として海外のリゾートを訪れるチャンスがあった。

もちろん、外出する時に集団から離れることは許されなかったし、各集団の中に一般的ツーリストを装ったKGB秘密捜査員が入っていた。発言を慎まないと、二度と出国許可をもらえなくなり、最悪の場合は帰国次第、取り調べを受け政治犯として収監されることもあり得た。

「ソ連よりきれいじゃん」「資本主義国家なのに、労働者は苦しそうに見えない」「ここに住みたいな」などといった発言は最悪の結果をもたらした。

資本主義国家を訪れる際には、祖国を出る前にこう説教されていた。

「一見、その国は繁栄しているように見えるが、すべてはソ連人ツーリストを騙すための見せ掛けだ。スカイスクレーパーやレストランは、お金持ちしか使えなくて、一般労働者は貧困に喘ぎ、ソ連人と比べて極めて不幸だ。我が国は世界一自由だ」

小学校の頃からこう教わっていたが、それでも洗脳されず逃げ出した人は多数いた。比較的良い生活を送っていたオリンピック選手やオーケストラの音楽家でさえ、国際試合や海外ツアーに参加するために外国へ入国したら、ホテルから逃げて外国政府に難民申請をしていたほど、「脱走者」が多かった。

ソ連人の移民願望の強さをよく描いた冗談を紹介しよう。

出国の自由を認めよ、という世論が高まってきている。ブレジネフが首相のコスイギンに言った。

「出国を自由にしたら、みんなこの国から出て行ってしまって、われわれ二人しか残らなくなるだろう」

すると、怪訝な顔をしてコスイギンが言った。

「われわれ二人って言ったけど、君の他の、あと一人ってのは一体誰なんだい？」

優秀な人材は刑務所へ、自由主義者は精神病院へ

先に少し触れたが、優秀なスポーツ選手や音楽家、科学者には海外移民を目指していた者が多かった。頭脳流出を防ぐためにソ連政府は、そういった貴重な人材を優遇するのではなく、逆に逃げないように投獄していた。

ソ連の宇宙開発プログラムを担当し、世界初の大陸間弾道ミサイルを開発したセルゲイ・コロリョフ（ウクライナ出身）もその運命に遭った一人だ。

一九三八年に冤罪で逮捕され、尋問の際に酷い暴行を受けたせいで顎を骨折した。そして、十年の刑を受けてシベリアの強制収容所に送られたが、過酷な環境の中で壊血病を患い、すべての歯が抜け落ちたほど健康に害を及ぼした。そういう状況に置かれても研究を続けた（続けさせられた？）。このような「特別研究所」は十七軒もあった。

ちなみに、「国民の敵」というレッテルが貼られた場合、本人だけではなく、家族と子供全員も特別な施設に送られることになっていた。

ブレジネフ時代になると、GULAG（強制労働収容所）制度が見直されて冤罪を着せられた多くの人は自由になった。

しかし、政敵を弾圧する仕組みがなくなったわけではなかった。「懲罰的精神医学」（punitive psychiatry）に形を変えただけだったのだ。簡単に言えば、共産主義を批判した者は、「世界一優れた国家体制を批判する者は正気じゃない。何等かの精神病があるようだ」と決めつけられ、強制入院させられていた。反体制派は精神科病院の中でむりやり向精神薬を飲まされ、電撃療法のような拷問を受け、人格破壊に導かれていた。数年の間こうしたセラピーを受けると、共産党を批判できないどころか、自分の名前さえ思い出せない状

態になる。

候補者が一人しかいない選挙

「ソ連も民主主義だ！」と世界に示すために、たまに選挙のようなものが行われていた。ただし、間違った人が当選する危険性を防ぐために候補者は一人だけ、しかも反対欄無しの選挙だった。

北朝鮮と同様に投票率は九十九％に近いが、異口同音に「全員賛成」。実は、ソ連においてもほとんどの案は全会一致で可決されていた。あらゆる投票は時間と紙の無駄遣いに過ぎなかったのだが、共産党はいつも民主制のフリをし、その茶番を続けていた。現代ロシアもその伝統を受け継いだ。

子供たちは七歳になると、「Little Octobrists」という、児童のための共産党に参加しなければならず、十歳から十五歳の時にPioneerというティーンエイジャーのための共産党に、十八歳で赤軍に徴兵され、大人になったら共産党に入らなければならなかった。こうした段階を経てからでなければ、大学への入学さえ許されず、出世は絶対無理だった。管理に関わるような職は、共産党員に限られていた。そもそも、実際の仕事能力よりも共産党への忠誠心が重視された場合が多い。

共産党から追放されたら、ただでさえ多くはない権利がさらに限られ、人生が終わったようなものだった。

伝統的家族観の破壊

子供たちは七歳の時から洗脳教育を受けていたと述べたが、子供のための共産党系組織で模範少年とされていた人物の一人に、パヴリク・モロゾフがいる。

彼は一九三一年、農業集団化が行われていた最中、悪質な富農として実の父親を告発した少年である。パヴリク・モロゾフの証言を受けて、彼の父親が十年の懲役に処された。ソ連プロパガンダの視点から見れば、親戚を密告することは称賛に価する英雄的な行為であった。立派なソ連人なら親よりも共産党を愛し、どんな場合でも迷うことなく「社会的正義」（共産党のイデオロギー）のために働くという思想が植え付けられていたのだ。

家族のあり方を見直そうとする動きは、現代の左翼にも見られる。例えば、二〇一八年、ドイツのアンチファ（自称反ファシスト組織）がこういうチラシを配っていた。

「Die kleinste zelle des faschismus ist die kleinfamilie」（「『家族』とは小さなファシスト団体である」）。

また、日本でも、千葉市は二〇一八年、市職員や教職員に向けて「LGBT対応指針」を策定し、「性別や関係性を決めつける表現」を避けるよう呼びかけた。例えば、「お父さん」「お母さん」は「保護者の方」「ご家族の方」、「夫」「妻」は「配偶者」「パートナー」といった表現を使うよう促された。

性的マイノリティへの配慮のためとはいえ、お母さんをお母さんと呼んではいけない、何と恐ろしい世界なのだろうか。

ではなぜ、左翼団体はそれほどまでに家族を嫌うのであろうか。

第一に、家族には自然な秩序がある。例えば親と子供、お兄さんと弟といった上下関係。左翼の世界観ではこうした関係自体が階級差別的とされる。

第二に、家族に対する愛着は、生存本能と同じくらい強い本能である。人間に限らず、あらゆる生き物がそういう気持ちを持っている。若いうちに両親との関係が切られることによって、底知れぬ寂しさを感じながら生きることになる。

そうなれば、人はその空虚感を何かで埋めたがって、無意識に頼りになるものを探す。ここで、共産党が手を差し伸べ、「党員は皆兄弟だよ、ここにあなたの居場所があるよ」と優しく接して、本来家族に向いていた愛情を党に向けさせるのだ。スターリンが「国民の父」を名乗っていた理由もここにある。権力者の判断に対して疑問や不満を抱くのは当然だが、「父」や「母」は無条件で愛することのできる存在である。こうして、この上ないほど強い忠誠心を育てられる。カルトが使う手法そのものではないか。

終わらない戦争

ロシア語で「ソビエト」は「評議会」を意味し、ソ連の国名を直訳すれば「議会制社会主義共和国同盟」になる。ロシア語を用いない外国人にとって、普通名詞しか使われていない国名は奇妙に聞こえるため、「ソビエト」を固有名詞にしたそうだが、そのせいでソ連設立者の意図が見えづらくなり、国名に潜んでいる意味が伝わらなくなったではないかと思う。

世界革命を目指していたボリシェヴィキ（レーニン率いる多数派）は、拡張の余裕を残すために、わざと新しくできた国家の名称に地名を入れなかった。地球統一共産主義政権の成立が予想されていたので、「ソ連に国境はない、世界中のすべての労働者をリードする国家だ」という意味を込めたのだろう。

共産主義普及という使命を果たすために、ソ連は外国に内政干渉し続けてきた。世界中の共産主義革命団体を支援することは、「国際的義務」とされ、ベトナムからアフリカまで、徴兵されたソ連兵は戦わなければならなかった。他国の左派革命家への協力、属国における独立運動の抑制、国内反乱者との戦闘……、平和な時期などなかった。

来日した私は、多くの日本人が共産党を「反戦政党」だと思っていることを知り、非常に驚いた。共産主義者以上に、若者を死なせた人がいまだかつていただろうか。

兵隊への態度について言えば、ジューコフ元帥の発言が思い浮かぶ。

「兵士に配慮するなよ！（いくら死んでも）女は

また（新しい兵士を）産むだろ」

「国際的義務を果たして」生還した兵士も酷い扱いを受けていた。第二次世界大戦直後、障害を負った元兵士の「島流し」が一番有名だ。第二次世界大戦の影響で、兵士と民間人を合わせて二六〇〇万人近くのソ連人が死亡したとみられる。それに加えて、一五〇〇万人程度が負傷したとされる。戦争が終わると、ソ連の町は戦場で手足を失った人で溢れていた。人々は職に就くこともできず、物乞いするしかなかった。

だが、ソ連政府はその風景が「社会主義のイメージを損ないかねない」と考え、障害者を集めて遠い島の特別施設に送るよう命じた。ソロヴェツキー諸島にあった施設は最も知られている。

国を守った、本来英雄であるはずの人々は、適切な医療も受けずに、死ぬまで孤独の日々を過ごすことになったのだ。彼らの外見が社会主義社会にふさわしくなかったから、というたったそれだけの理由で。

計画経済がもたらす物資不足と低生活水準

一九六一年四月十二日、ソ連は世界最初の有人宇宙飛行を成功させた。当時のソ連の新聞は、社会主義が資本主義よりずっと優れている証だとし、とても誇らしげに報道していた。

宇宙から戻ったユーリイ・ガガーリンは国民的英雄になり、政府から高級アパートや高級車など色々なプレゼントを受けた。

しかし、いくら豊かな生活を送れるようになったとはいえ、ガガーリンでも手に入れられなかった製品があった。それはトイレットペーパーだ。

ソ連では、トイレットペーパーが初めて発売されたのはその八年後、一九六九年のことだった。発売されてからしばらくの間、一般ソ連人は何のためのものか全く理解できず、依然として新聞紙を使い続けていた。そこで、ようやく政府は説明キャンペーンを開始したが、トイレットペーパーに関する理解が広がるとともに、今度はトイレットペーパーが常に不足するようになり、一般人の手には入らなくなってしまった。

ソ連時代と言えば、「行列」という言葉が思い浮かぶ。経済学者のヴラディスラフ・イノゼムツェフが、「ソ連人は毎日平均二・四時間を行列で過ごしていた」と述べている。計画経済は質より量（ノルマ）を重視したせいで、無駄な生産が多く、一般市民の需要をあまりにも軽視していたからである。宇宙開発や軍備強化のような大規模プロジェクトを成功させることはできても、小規模生産までは計画者の手が回らなかった。しかも、実務経験も実力も有せず、単に共産党への忠誠心が高い人を管理職に任命していたことも失敗の原因の一つだった。

アルコールショップに押しかける群衆の行列

ソ連は、地球の陸地面積の六分の一近くを占め、世界一豊かな資源を持っている国だったが、計画経済によって製品不足は常に続いており、必需品でさえ簡単に手に入らない状態に陥った。この不思議な現状を受けて、「もしサハラ砂漠に共産主義が輸入されたら、どうなるか？　二十年後、砂不足になる」というジョークが流行ったほどだ。原油埋蔵量世界一位のベネズエラが計画経済を取り入れた結果、経済破綻になったことからも、サハラ砂漠の砂不足も現実的に思えてくる。

ベルリンの壁崩壊から三十年経った今でも、東ドイツと西ドイツの経済的格差はなくなっていない。北朝鮮と韓国も同様だ。つまり、全く同じ歴史的背景と国民性、ＤＮＡを持った民族でも、社会主義国家と資本主義国家に分断されてしまえば、社会主義側は貧困に陥る運命にあると言わざるを得ない。

もちろん、人の考え方はそれぞれだから、「我が国は誰よりも強いぞ！」と毎日テレビで聞きながら、奴隷労働させられ、生まれてから死ぬまで、ホームレス以下レベルの生活を送りたいと思っているのであれば、社会主義・共産主義をお勧めする。食料とトイレットペーパーはないけれども、自国が有する核ミサイルの数や戦車の数などを誇りに思うことができるはずだ。

有識者は悪

私は、共産主義の最大の罪は、有識者を「悪」とみなす考え方だと思う。そもそも、共産主義の基盤にあるのは「プロレタリアート独裁思想」である。つまり、肉体労働している階級が最も尊敬され、知能のみを使う仕事に従事する人は「非労働的かつ反社会的要素」扱いされ、差別を受ける傾向があった。有識者は労働者を搾取してきた貴族かブルジョア、という考えが広まっていたからだろう。ロシア革命の時に、インテリゲンチャの殺害はほぼ制度化された。リンチされないように、多くの貴族やインテリゲンチャたちは安っぽくて汚い服を着て、赤軍に占領された地域から逃げようとしていたが、決して簡単なことではなかった。赤軍兵は道を歩いている人を止め、手を見せるように命じ、もしタコが一つもない柔らかい手肌だったら「労働者じゃない」と決めつけ、即時に射殺することもあった。

そのせいで多くの医者、作家、詩人、作曲家が海外逃走し、最悪の場合は殺されてしまった。プロレタリア独裁がもたらした文化的な損害は計り知れない。おそらく、トルストイやドストエフスキーを知らない人はいないだろうが、スターリン時代の代表的な作家の名前を言える人がいるだろうか。

ジョージ・オーウェルは『一九八四年』という小説の中で、共産党にとっての「理想的な国民」のイメージを描いた。

「生れ落ちると極貧の環境で育ち、十二歳で働きに出る。美しさと性的欲望に彩られる束の間の開花期を経て、二十歳で結婚。三十歳で中年に達し、大多数は六十歳で死ぬ。きつい肉体労働、家庭と子どもの世話、隣人とのつまらぬいざこざ、映画、サッカー、ビール、そして何よりギャンブル——それがかれらの心を占めるすべてである。（中略）かれらに必要なのは素朴な愛国心だけ。それに訴えれば、必要なときにはいつでも、労働時間の延長や配給の減少を受け容れさせることができる。かれらが不満を覚えたときでさえ、実際、そうした状況がないではないのだが、その不満は何の変化ももたらさない。なぜなら、かれらは全体を見通す考えを持たないので、不満をいくつかの取るに足らない個別の原因に帰着させるより他なかったからである。かれらはもっと大きな悪の存在には絶対に気づかない」

国民の生命財産保護を軽視

一九八六年四月二十六日、ウクライナ北部のチェルノブイリ原子力発電所で、世界人類史上最悪の原子力発電所事故が起きた。事故の直接的な影響によって約四千人が死亡し、被曝者総数が十五万人を上回った。即時に措置を取っていれば、犠牲の拡大を防ぐことができただろうに、ソ連政府は四月二十八日まで事故のことを公表すらしなかった。何十万人もの市民が、危険に気付かず、放射能汚染された地域に住み続けた。放射性雲がヨーロッパ大陸に広がり、事故を隠しきれないことがわかって初めて避難命令を下した。

ソ連史の中でこうした例はいくらでもある。一九五七年九月二十九日に起きた「ウラル核惨事」もそうだった。放射性廃棄物タンクが爆発し、放射能が二万平方kmの範囲にわたって撒き散らされ、二十七万人が高い放射能に晒された。だが、周りに住んでいた人は避難することなく、事故が起きたこと自体が一九八九年まで公表されなかった。

一九六〇年十月二十四日に起きた「ニェジェーリンの大惨事」もそうだった。大陸間弾道ミサイルR-16の試験打上げ中、人為的ミスのせいでロケットの燃料タンクが大爆発し、ミトロファン・ニェジェーリン砲兵総元帥を含めて一二〇人程度の技術者や軍人が生きたまま焼かれて死亡した。だが、一九八九年までソ連政府は事件を隠蔽し、元帥の死に関して「飛行機の墜落事故で亡くなった」という嘘を広げた。

一七二人が死亡した一九七九年ドニプロゼルジーンシク空中衝突事故も、サッカー試合を見に来た若者が群集事故で死亡したルジニキの惨事（一九八二年）も同様だ。

ソ連技術の安全性や、ソ連政府の危機管理能力が疑わしく見えるようなニュースは一切報道されず、被害者の遺族は迫害され口封じされた。「ソ連は一番優れて、一番幸せな国家」というイメージを崩すような出来事は一切歴史書に載せられなかった。

共産主義者でも弾圧される

「万が一共産党一党独裁ができても、共産主義に賛同し、大人しく共産党の命令に従えば迫害されない」という甘い考え方をする人もいるだろう。そういう人には、以下の統計を見て頂きたい。

スターリン時代の大粛清が始まったばかりの頃（一九三七年）、約一五〇万人が政治犯として有罪判決を受けた。その中で七十八万人が銃殺刑に処された。多いけれども、ソ連の人口と比較したら、〇・九％が有罪判決、〇・五％が銃殺されたという統計になる。

では、秘密警察と共産党員がどうなったか見てみよう。

二万五千人の秘密警察職員の中で三三一〇人（十三％）、四五〇人の外務局職員の中で二七五人（六十一％）、三三二人の最高幹部員の中で二四一人（七十五％）、三十七人の内務人民委員部行政官の中で三十五人（九十五％）が銃殺された。

また、一九六五人の国会議員の中で一一〇八人（五十六％）、一三九人の大臣の中で一〇二人（七十三％）が死刑になった。

つまり、熱心な共産主義者であっても、反政府主義者の何十倍も危険な目にあっていた。共産主義国家の独裁者は、明らかな政敵よりも党員同士のライバルの方を恐れているからだろう。

共産党政権の支配下に生活することになったら、弾圧を免れる唯一の方法は共産党を打ち倒すのみである。そうしなければ、誰でも、いつでも、理由なく抹殺される可能性が残るのだから。

それでも、あなたはこう思うかもしれない。

「ソ連はそうだったかもしれないが、日本共産党は違う！　日本共産党こそ、本物の共産主義を成立させることができる！」

これは、世界のどこの国の共産党でも使っていた言い訳にすぎない。中国やキューバなど、すべての共産主義者は「歴史に学び、今回こそ正義のある社会を作る」と約束したが、相変わらず虐殺と貧困以外何ももたらさなかった。一〇〇年にわたって、約三十カ国が社会主義・共産主義制度の下で国家運営を試したが、成功した国は一つも存在しない。あと何回失敗すれば、あと何万人を殺せば、「共産主義が機能しない」という極めて簡単な真実を理解することができるのだろう……？

第3章

日本に魅せられて

――私がウクライナ語版『古事記』を出す理由

故郷の父（左）と少年期の著者

柔道家の父の影響

日本の皆様から見れば、「ヨーロッパの宗教と言えば、キリスト教」という印象が強いだろう。たしかに現在の状況はそうだ。

そして、ウクライナも例外ではない。九八八年に、東ローマ帝国の影響でギリシャ正教に改宗してから、ずっとキリスト教の国であり続けた。街を歩けば、あちらこちらで光る教会の金色の屋根が目立つし、一部のキリスト教の祭りは国民の祝日として認められている。また、生まれた子供に洗礼させることも常識となっている。

実は、私の名前もキリスト教に由来している。「アンドリー」は、イエスの使徒の一人だった聖アンデレの名前である。すべてのキリスト教の国々では同じ名前が見られる（アメリカではアンドリュー、フランスではアンドレなど）。

さらに、苗字の「ナザレンコ」は、イエスの出身地だった「ナザレ」という地名に由来する可能性が高い。

しかしながら、そうした環境に生まれ育ったにもかかわらず、私はキリスト教に全く感化されなかった。父の影響が強かったからだ。父は中学校の頃から柔道を学び、プロの選手を経て、柔道の先生を何年も務めてきた。日本の武道は、肉体の鍛錬だけでなく、心の鍛錬を重視しているため、私の家には東アジアの哲学についての書物がたくさん置いてあった。私は、それらを読むことによって初めて仏教の考えに触れる機会を得た。

なかでも、ある本で「信じるな！　知れ！」（Don't Believe! Know!）という釈迦の言葉が紹介されており、その言葉は私に強いインパクトを与えた。

なぜなら、キリスト教では、無条件かつ熱心な信仰こそが美徳だとされる傾向があるからだ。

そこで説かれる教えは、「いくら祈っても願いが叶わないだって？　信仰心が足りないから、もっと祈りなさい！　聖書と違う意見を持っているだって？　君は何様のつもりだ、神より偉いとでも思っているか？　異端はやめなさい！」といった雰囲気が感じられる。キリスト教社会では、神は絶対真理かつ絶対権威だという考え方が根強い。

それに対して釈迦は、自分のオーソリティー（権威）を使って価値観を押し付けようとはせず、「修養すれば、あなたは自分自身で私（釈迦）の教えが正しかったことを確かめることができるよ」という風に説いており、私は感動した。

古書に書かれたことを鵜呑みにするのではなく、公案を与えられ、それについて自分で考え、思考の限りを尽くすことによって、意識を広げる。このように、信徒の思考力を高めることを目的とする宗教は珍しいと感じたのだ。対する一神教の場合、自分で考えずに神父の解釈が唯一正しい解釈だという認識を持つことが求められる。

しかも、正教の場合、自分自身のことを「主の奴隷」と呼ばなければならない。人間は主によって作られた存在だから、何をしようが主には敵わない。誰もが主に奉仕するために生まれ、その道から外れると永遠に地獄で苦しむことになると説くのだ。

他方で、仏教では人間として生まれた以上、誰もが悟りへの道を辿れるし、仏になることもできる。私は、仏教の本を読めば読むほど、一神教の矛盾に気付かされた。

まず、この世と人類を作り、無限の力を持っている神が一人しかいないなら、そもそもどうして他の宗教は存在するのだろうか？　ローマ帝国にせよ、古代中国にせよ、古代インドにせよ、キリスト教より古い宗教がいくらでもあるのはなぜなのか？　キリスト教の神の存在すら知らなかった古代人は、どうして地獄に落ちなければならないのだろうか？　全能のパラドックス（全能者は、重すぎて何者にも持ち上げられない石を作ることができるか？　そのような石を作れないなら全能ではない、作れるならその石を持ち上げられないのでやはり全能ではないことになる）、全能と全善のパラドックス（神は全能で全善なら、なぜこの世から悪を排除しない？　できないなら全能ではない、意図して悪を残しているなら全善ではない）などを知り、「唯一正しく、かつ完璧の教えにしては矛盾が多すぎて信じがたい」と思うようになった。私は今なお、科学以上に説得力がある教えを見つけてはおらず、無神論者であり続けている。

来日し、東郷神社を参拝した感動

ところが、こんな無神論者の私が、二〇一八年、八百万神《やおよろずのかみ》の物語を伝えている『古事記』をウクライナ語に翻訳し、出版することを決意した。ここでは、その理由、そして神道の中で素晴らしいと思った部分について述べていきたいと思う。

まず、神道の神は全知・全能・全善ではないので、さきほど紹介したパラドックスは神道には存在しない。

日本の神は、イザナミのように死を迎え、スサノオのように意地悪し、間違いを冒すこともある。旧約聖書を読んだ時に、「全知・全善の存在にしては、エホバの性格が悪すぎる！　まるで人間のようだ」と思って仕方がなかったものだが、神道は最初から神様の人間性・個性を否定しないので、そういうところは全く気にならない。

そもそも、神と人間は、はっきり区別されているかと言えば、そうでもない。動物も山も人も石も森も、この世に存在するあらゆるものに神が宿っていると考えられているのが神道だろう。「神がいない」とする無神論と、「あらゆるものは神である」とする神道は、一見正反対の教えに見えるが、実は「すべての存在は平等である」という点で一致している。だから全く反感を覚えなかった。

ちなみに、キリスト教に影響を受けながら発展した英語では、未だに動物に対して「it」（それ）

という代名詞を使うのがルールとして正しい。魂は人間のみにあり、動物は物と同類で、人間に食べられるために作られたという考えが聖書に書かれているからだろう。

　こうした違いから、日本人は「いただきます」と奪った命に対して感謝を表し、キリスト教徒はお祈りで「今日も食べ物を与えてくださった主」に対して感謝を表している。

東郷神社（東京都渋谷区）

　ところで、私が来日し、人生で初めて参拝した神社は原宿の「東郷神社」だった。ご存知だと思うが、東郷平八郎は日露戦争の日本海海戦でバルト艦隊を全滅させた英雄である。私は、現に生きた人が死後、神として祀られることにとても感動した。教育の面から考えても、「立派な人生を送れば、あなたの名前は永遠に歴史に残り、千年経っても子孫に神として祀られる」という考え方は、「少しでも聖書に反することをしたら永遠に地獄に堕ちて苦しむ」という考え方より、よっぽどレベルが高いと思う。人の恐怖にではなく、善意に訴える考え方だからだ。罰則を恐れて悪いことをしない人と、罰則があろうがあるまいがそもそも悪いことをしたくない人がいたら、どちらの方が「民度が高い」か、一目瞭然だろう。

　しかも、抽象的な存在を崇拝するのではなく、生きて偉業を成し遂げた人に敬意を払うことは、無神論者の私から見ても素晴らしいことだと思う。

「恥の文化」と「罪の文化」

二〇一七年、NPO法人まほろば教育事業団主催のイベントに参加するため出雲へ行った際、神と人との違いについて素晴らしい話を聞くことができた。

「神社にはなぜ鏡があるのだろう？　それは鏡（かがみ）から我（が）を取れば神（かみ）になるからだ。人間も自分の中心にある『我』をとれば神になる」

これには、非常に感銘を受けた。考えてみれば、「神にお願いしても、叶うかどうかは結局自分次第だよ」と言われているように感じた。

また、神道は教えの普遍性をことさら主張しないことも魅力的だと感じた。

例えば、イスラム教では、ラマダーン月に「日の出から日没までの間、断食しなければならない」という義務がある。ところが、太陽が一カ月間も沈まない白夜のある地域に住む人はどうすれば良いのだろう？

聖書も普遍性を主張しながら、実際には中東を中心とした場面が多く見られる。

「地球は七千年前に作られた」「地球は平らである」「空は壁のような硬い物」といった教えも記されており、欠点がないはずの主に頂いた預言であるにもかかわらず、明らかに事実ではないと証明された部分もあるのだ。

ところが、『古事記』は神に頂いた預言であるなどとはどこにも書いていない。それどころか、人（稗田阿礼）によって伝えられた歴史書であると、はっきり明記されている。だから、多少の論理的な矛盾や事実誤認があるのは仕方がない。当時の人がこういう認識を持っていたということであって、解釈の自由は幅広く認められているのだ。無限の神がいる中で、解釈も無限にあって良いし、異端なるものなど存在するはずがない。

ちなみに、ルース・ベネディクトというアメリカの日本文化研究者は、『菊と刀』でとても興味深い観察を述べている。ベネディクトは、ヨーロッパの文化を「罪の文化」、アジアの文化を「恥の文化」と名付けた。ベネディクトによると、「罪の文化」では、道徳は神によって定められ、絶対的な標準を持つとされる。一方、「恥の文化」では、他者から見た自分の「顔」が重視される。

ベネディクトの論文では、「罪の文化」は「恥の文化」より優れているというような雰囲気が感じられるが、私には異論がある。

直接、神と会話できない以上、何が絶対的に正しいかわかることなど不可能だと思うのだ。絶対的な正義をかざすことによって、思い込みが重なっていき、自己中心的かつ主観的になりかねない。その結果、例えば他者に自分の間違いを指摘されても、「自分の心の中でそれは正義であるから直す必要などない」と断言できてしまうのだ。

極端な例を挙げると、自爆テロを企てる人は、その行為によって被害者の家族や世間に憎まれることを理解しながらも、自分の名誉・評判より心の中の正義感を大切に考え、酷い事件を起こしてしまう。

「恥の文化」の場合、道徳は相対的なものであり、周りの人との協調を大切にしながら生きてゆくことが美だとされる。他人の立場から自分の行動を見る習慣があるので、共感力も育つ。日本のような社会では、例えば権威がなくなったとしても（無政府状態）、自制心や調和を求める思想が働き、秩序が壊れにくい。日本人ならではの多様性を尊重し、物事を相対的に捉える考え方は、多神教のおかげで身に付いたのではないかと考えている。

一方、「罪の文化」である西洋の社会では「正義と正義のぶつかり合い」が避けられない。これを解決するために、権威や力によって秩序を維持する必要がある。

こうした「権威」を大事にする西洋的考え方と、「調和」を大事にする日本的な考え方の違いは、教会と神社の形を比較することによってもわかる。

西洋社会はこうだ。空にそびえる大聖堂、金と銀で飾られた大きくて丈夫な石壁、高い屋根……。主の偉大さ、そして自分の小ささと無力さを痛感させられるような場所が多い。その雰囲気に圧倒されるから、無意識に主に対して畏怖の気持ちを抱くようになる。主はすべての物の上にある印象が与えられる。

一方の神社はこれとは違う。木造の建築がほとんどだから、周りの自然とのバランス感が良い。そして、伊勢神宮のように定期的な遷宮（改修）が行われていることから、神はすべての物の上にある不変かつ絶対的な存在ではなく、自然の一部である印象を与えられるのだ。

私は、『古事記』の素晴らしいところは、地域性だと思う。物語に出てくる場所は実在するし、近くにあるから親近感を覚えやすい。ヨーロッパでは、「キリスト教は欧米文明の基盤だ」という考えが普及しているが、初めて旧約聖書を読んだ時、ヨーロッパの話はほとんど出てこないため、「ユダヤ人の中東における冒険を描いている物語」と感じた。

一部の反日外国人は、『古事記』では日本の話しか出てこないことや、日本が「神の国」と呼ばれていることが差別的だと考えている。なかには、日本人の選民思想の原因は神道にあると主張する人すらいる。

しかし、私は逆だと思う。『古事記』に日本の話しか出てこないことによって、他の民族の思想の自由は認められているのだ。

「日本という国はこのようにしてできたが、あなた方の国は違うかもしれない。自分の価値観や世界観を押し付けるつもりはない。それぞれの考え方があって良い」と。

ウクライナ人に伝えたい『古事記』のすばらしさ

このようなことから、私は神道に好感を抱き、歴史上初めてとなるウクライナ語版『古事記』を出版することを決意した。

この出版には、主に三つの目的がある。

① 「近代化」と「欧米化」が、同義語だと考えている人が多くいるが、発展のパターンは一つだけではないということを知ってもらいたい。

日本は、明治維新によって西洋思想の一部を輸入したが、一方では日本精神の軸である神道的な世界観を守ることができた。そして、経済大国、技術大国、文化大国へと成長を遂げた。日本の実例を知ったら、「先進国になるために古い伝統をすべて壊すべき」という今日の世界を席巻するリベラルの主張が嘘であることを理解して頂くことができるだろう。かつて、日本が欧米に学んだように、今の時代は逆に欧米が日本に目を向けて学ぶべきではないかと思っているのだ。

② ウクライナの人々には、日本の民族宗教を知ることによって、自分のヨーロッパ人としてのルーツを思い出してほしい。ヨーロッパ文明の基盤をキリスト教に置くことは、ヨーロッパを貶《おとし》めるアイデアだと思う。全ての基盤がキリスト教にあるというなら、紀元前三〇―二〇世紀からあったエーゲ文明や紀元前七五三年に建国したローマ帝国はなんだったのだろう？　どうして、キリスト教以前の時代は「古典古代」で、キリスト教原理主義が広がっていた時代は「暗黒時代」と呼ばれるか考えて頂きたいし、ルネサンス（文芸復興）は何を復興させようとしたか思い出して頂きたい。

むしろ、デモクリトスやエピクロスやソクラテスなどが訴えていた無神論や、古代ヨーロッパで広く普及していた多神教こそ「ヨーロッパらしい

ウクライナで昔から代々行われているマスレニツァ

考え方」なのではないか。古代ローマの場合、隣の国を征服したら、その国で祀られていた神の像をローマ帝国の首都に運び、最大限に敬意を払い、自分の神として祀る伝統まであった。宗教的多様性は尊重されていたと言える。

　現代のウクライナには、（教会に批判されてきたにもかかわらず）一部の祭りは多神教時代からずっと残っている。

　例えば、冬の最後の週に行われるマスレニツァ祭が代表的だろう。昔、冬は、マレナと言う死神が力を蓄えたから来ると信じられていたようだ。マスレニツァの日に町の広場にかかしを置き、周りで歌を歌ったり遊び事をして戯《たわむ》れる。すると、死神は、こんな寒い中で人々が楽しそうに遊んでいることを不思議に思い、飾られたかかしの中に入って祭りを見るのだ。しかし、最後に人々はそのかかしに火をつけて完全燃焼させる。神だから死ぬことはないが、火でお祓いされることによって力を失い、春の神々と戦えなくなり、来年の冬まで来なくなると思われていたのだろう。春を祝う、春を呼ぶ祭りである。ウクライナに限らず、すべてのスラヴ系国家にあるようだ。

　『古事記』を通して他国の多神教を知ることにより、自国の多神教をもっと勉強したくなるきっかけになったらうれしい。

③　日本文化の多面的さを知ってもらいたい。アニメやドラマやJ-POPといった日本の大衆文化はウクライナでも人気が高い。それをきっかけに、日本に興味を持つようになる方も多い。

一方で、日本について表面的な知識しか持っていない方も増えている。日本社会のあり様に魅了されるなら、日本社会が「神道」という基盤の上で成り立っていることを忘れないでほしい。

日本人は誰しも何気なく神社に参拝しているし、日本には、神社がコンビニより多いとも言われている。そして、食事する前に「いただきます」を言う習慣のように、どんな物にでも魂が宿るという神道の世界観が、無意識のうちに深く日本人の心に刻み込まれている。信仰心が強くない人でも、「神社」や「神様」は日常生活の一部になっているのではないかと思う。

実は、海外において、富士山に次いで最も知名度が高い日本の象徴は鳥居である。

ところが、「神社でどんな神様が祀られているか」「そもそも日本の神様ってどんな存在なのだろう」といったことがわからず、疑問を抱く外国人は少なからずいると思う。私自身がそうだった。私の場合、ある程度日本語がわかるので色々調べられたが、好奇心があっても日本語力がない方々の方が多いだろう。

だからこそ、微力ながらできるだけ多くの人に日本神話の世界を知って頂くため、史上初のウクライナ語版『古事記』を出版したいと思ったのだ。

民族的アイデンティティを取り戻せ

日本の伝統文化に興味を持っている外国人がますます増えているが、日本人自身の日本への関心が薄くなっているのではないかと心配している。御朱印を集める人もたくさんいるが、形だけのスタンプラリーに化してしまっている気もする。そのせいで、神道行事に含まれている深い意味が忘れ去られてしまう恐れがある。

しかし、グローバル化が急速に進んでいる中で、代々伝わった風習と、祖先が血と汗を流すことによって守って下さった価値観（すなわちアイデンティティ）をいかに維持できるかは、国家の存亡に関わる問題である。

第一章で紹介したウクライナの例からもおわかり頂けたと思うが、独立を失ったとしても、民族的アイデンティティを失わない限り、いつでも自由を取り戻せる。

そして私の考えでは、『古事記』に見られる神道ならではの世界観は、日本国を支える柱の一つである。その価値観があってこその日本だ。外国人の神道に対する関心の高まりとともに、日本人も自分の民族的アイデンティティの重要性についてもっと考えるようになってくれたらうれしい。

あとがき

ウクライナと日本は、それぞれ異なった歴史的背景や国内事情を持っている。

しかし、本書で最も伝えたかった国防の重要性や共産主義思想の危険性が、古今東西を問わず、ある意味で「普遍的なルール」であることは、歴史によって何度も実証されている。ウクライナもその一例であるが、決して唯一の例ではない。

「愚者は自らの失敗に学び、賢者は他人の失敗から学ぶ」という諺《ことわざ》がある。最初は海によって、その後は鎖国政策によって、外国の干渉から守られてきた日本は、独自の思想・文化・国体を発展させることができた。

しかし、黒船来航後、「今まで通りでは生き残れない」ことに気づき、超短期間で外国の技術や知恵を習得したおかげで大国になり、独立を維持できたのだろう。その後は、第二次世界大戦に敗戦してＧＨＱの支配に陥り、世界最強の米軍によって国を守れるようになったが、この状態はいつまでも続くわけではない。武力による現状変更を試みる国によって、急速に不安定化している国際情勢と直面している日本は、この変化に応じられるか、自力で国を守ることができるのか、いま再び試されている。

日本が主体性を取り戻し、独自のグローバル戦略を立てなければいけないこの時期にこそ、他国がおかした失敗に学ぶ価値があるのではないかと考えている。

何より、ウクライナが戦争を招いた政策と、日本の一部の政治団体が訴える政策は、デジャブ感を抱くほど似ている。「狂気とはすなわち、同じことを繰り返し行い、違う結果を期待すること」という言葉も思い浮かぶ。行き過ぎた不戦主義・社会主義を取り入れて成功した国は一つも存在しなかったし、今日も存在していないにもかかわらず、「私達こそが史上初めて成功する」と考えることは傲慢かつ危険な考え方だ。

南ベトナムの大統領だったグエン・バン・チュー氏が、「共産主義者が言っていることを聞くな、あいつらがやらかしていることを見ろ！」と仰ったが、私はまさに全く同じことを訴えたい。理想を追求するのは悪いことではないが、現実を忘れないでほしい。本書ではウクライナの現実を書いたが、下手したらそれは日本の現実にもなりかねない。

ウクライナの首都キエフでは、「あなたの何でもない日々は、東部前線で戦っている兵士の犠牲で成り立っている」という看板を見たことがある。日本も一見平和に見えても、実際は情報戦・経済戦・歴史戦が進行中である。だから日本人にも同じことを言える。「あなたの何でもない日々は、国益のために戦っている人々のおかげで成り立っている」と。

この暮らしを守るために、これからも平和な日々を楽しむために、一人ひとりの国民が自分なりに努力して国家を支えなければならない。

読者の皆様には、ウクライナの辛い経験を参考にして頂き、二六〇〇年余の歴史を誇る日本が今後とも存立し、繁栄するためにどうすべきか、真剣に考えて頂ければ幸いである。

■著者略歴

ナザレンコ・アンドリー

1995年、ウクライナ東部のハリコフ市生まれ。ハリコフ・ラヂオ・エンジニアリング高等専門学校の「コンピューター・システムとネットワーク・メンテナンス学部」で準学士学位取得。2013年11月～14年2月、首都キエフと出身地のハリコフ市で、親欧米側学生集団による国民運動に参加。2014年3～7月、家族とともにウクライナ軍をサポートするためのボランティア活動に参加。同年8月に来日。日本語学校を経て、大学で経営学を学ぶ。ウクライナ語、ロシア語のほか英語と日本語にも堪能。本書が日本語書籍としてはデビュー作。

自由を守る戦い
——日本よ、ウクライナの轍《てつ》を踏むな！

令和元年八月十五日　初版第一刷発行
令和四年六月五日　初版第四刷発行

著　者　ナザレンコ・アンドリー
発行者　田尾　憲男
発　行　株式会社明成社
〒一五〇—〇〇三一
東京都渋谷区桜丘町二十三番十七号
シティコート桜丘四〇八
電　話　〇三（六四一六）四七七二
ＦＡＸ　〇三（六四一六）四七七八
https://meiseisha.com
印刷所　モリモト印刷株式会社

ISBN978-4-905410-55-3 C0031